什么是批判？自我的文化

福柯的两次演讲及问答录

[法] 米歇尔·福柯（Michel Foucault）｜著

潘培庆｜译

重庆大学出版社

目 录

重拾拜德雅之学

1

　　中国古代，士族教育的主要内容是德与雅。《礼记》云："乐正崇四术，立四教，顺先王《诗》、《书》、《礼》、《乐》以造士。春秋教以《礼》、《乐》，冬夏教以《诗》、《书》。"这些便是针对士之潜在人选所开展的文化、政治教育的内容，其目的在于使之在品质、学识、洞见、政论上均能符合士的标准，以成为真正有德的博雅之士。

　　实际上，不仅是中国，古希腊也存在着类似的德雅兼蓄之学，即 paideia（παιδεία）。paideia 是古希腊城邦用于教化和培育城邦公民的教学内容，亦即古希腊学园中所传授的治理城邦的学问。古希腊的学园多招收贵族子弟，他们所维护的也是城邦贵族统治的秩序。在古希腊学园中，一般教授修辞学、语法学、音乐、诗歌、哲学，当然也会讲授今天被视为自然科学的某些学问，如算术和医学。不过在古希腊，这些学科之间的区分没有那么明显，更不会存在今天的文理之分。相反，这些在学园里被讲授的学问被统一称为 paideia。经过 paideia 之学的培育，这些贵族身份的公民会变得"雅而有德"（καλòς κἀγαθός），这个古希腊语单词形容理想的人的行为，而古希腊历史学家希罗多德（Ἡρόδοτος）常在他的《历史》中用这个词来描绘古典时代的英雄形象。

在古希腊，对 paideia 之学呼声最高的，莫过于智者学派的演说家和教育家伊索克拉底（Ἰσοκράτης），他大力主张对全体城邦公民开展 paideia 的教育。在伊索克拉底看来，paideia 已然不再是某个特权阶层让其后嗣垄断统治权力的教育，相反，真正的 paideia 教育在于给人们以心灵的启迪，开启人们的心智，与此同时，paideia 教育也让雅典人真正具有了人的美德。在伊索克拉底那里，paideia 赋予了雅典公民淳美的品德、高雅的性情，这正是雅典公民获得独一无二的人之美德的唯一途径。在这个意义上，paideia 之学，经过伊索克拉底的改造，成为一种让人成长的学问，让人从 paideia 之中寻找到属于人的德性和智慧。或许，这就是中世纪基督教教育中，及文艺复兴时期，paideia 被等同于人文学的原因。

2

在《词与物》最后，福柯提出了一个"人文科学"的问题。福柯认为，人文科学是一门关于人的科学，而这门科学，绝不是像某些生物学家和进化论者所认为的那样，从简单的生物学范畴来思考人的存在。相反，福柯认为，人是"这样一个生物，即他从他所完全属于的并且他的整个存在据以被贯穿的生命内部构成了他赖以生活的种种表象，并且在这些表象的基础上，他拥有了能去恰好表象生命这个奇特力量"[1]。尽管福柯这段话十分绕口，但他的意思是很明确的，人在这个世界上的存在是一个相当复杂的现象，它所涉及的是我们在这个世界上的方方面面，包括哲学、语言、诗歌等。这样，人文科学绝不是从某个孤立的角度（如单独从哲学的角度，

1　米歇尔·福柯，《词与物》，莫伟民译，上海：上海三联书店 2001 年版，第 459-460 页。

单独从文学的角度，单独从艺术的角度）去审视我们作为人在这个世界上的存在，相反，它有助于我们思考自己在面对这个世界的综合复杂性时的构成性存在。

其实早在福柯之前，德国古典学家魏尔纳·贾格尔（Werner Jaeger）就将 paideia 看成是一个超越所有学科之上的人文学总体之学。正如贾格尔所说，"paideia，不仅仅是一个符号名称，更是代表着这个词所展现出来的历史主题。事实上，和其他非常广泛的概念一样，这个主题非常难以界定，它拒绝被限定在一个抽象的表达之下。唯有当我们阅读其历史，并跟随其脚步孜孜不倦地观察它如何实现自身，我们才能理解这个词的完整内容和含义。……我们很难避免用诸如文明、文化、传统、文学或教育之类的词汇来表达它。但这些词没有一个可以覆盖 paideia 这个词在古希腊时期的意义。上述那些词都只涉及 paideia 的某个侧面：除非把那些表达综合在一起，我们才能看到这个古希腊概念的范阈"[1]。贾格尔强调的正是后来福柯所主张的"人文科学"所涉及的内涵，也就是说，paideia 代表着一种先于现代人文科学分科之前的总

1　Werner Jaeger. *Paideia: The Ideals of Greek Culture. Vol. 1.* Oxford: Blackwell. 1946. p. i.

体性对人文科学的综合性探讨研究，它所涉及的，就是人之所以为人的诸多方面的总和，那些使人具有人之心智、人之德性、人之美感的全部领域的汇集。这也正是福柯所说的人文科学就是人的实证性（positivité）之所是，在这个意义上，福柯与贾格尔对 paideia 的界定是高度统一的，他们共同关心的是，究竟是什么，让我们在这个大地上具有了诸如此类的人的秉性，又是什么塑造了全体人类的秉性。paideia，一门综合性的人文科学，正如伊索克拉底所说的那样，一方面给予我们智慧的启迪；另一方面又赋予我们人之所以为人的生命形式。对这门科学的探索，必然同时涉及两个不同侧面：一方面是对经典的探索，寻求那些已经被确认为人的秉性的美德，在这个基础上，去探索人之所以为人的种种学问；另一方面，也更为重要的是，我们需要依循着福柯的足迹，在探索了我们在这个世界上的生命形式之后，最终还要对这种作为实质性的生命形式进行反思、批判和超越，即让我们的生命在其形式的极限处颤动。

这样，paideia 同时包括的两个侧面，也意味着人们对自己的生命和存在进行探索的两个方向：一方面它有着古典学的厚重，代表着人文科学悠久历史发展中形成的良好传统，孜孜不倦地寻找人生的真谛；另一方面，也代表着人文科学努力在生命的边缘处，寻找向着生命形式的外部空间拓展，以延伸我们内在生命的可能。

3

这就是我们出版这套丛书的初衷。不过，我们并没有将paideia 一词直接翻译为常用译法"人文学"，因为这个"人文学"在中文语境中使用起来，会偏离这个词原本的特有含义，所以，我们将 paideia 音译为"拜德雅"。此译首先是在发音上十分近似于其古希腊词汇，更重要的是，这门学问诞生之初，便是德雅兼蓄之学。和我们中国古代德雅之学强调"六艺"一样，古希腊的拜德雅之学也有相对固定的分目，或称为"八艺"，即体操、语法、修辞、音乐、数学、地理、自然史与哲学。这八门学科，体现出拜德雅之学从来就不是孤立地在某一个门类下的专门之学，而是统摄了古代的科学、哲学、艺术、语言学甚至体育等门类的综合性之学，其中既强调了亚里士多德所谓勇敢、节制、正义、智慧这四种美德

（άρετή），也追求诸如音乐之类的雅学。同时，在古希腊人看来，"雅而有德"是一个崇高的理想。我们的教育，我们的人文学，最终是要面向一个高雅而有德的品质，因而我们在音译中选用了"拜"这个字。这样，"拜德雅"既从音译上翻译了这个古希腊词汇，也很好地从意译上表达了它的含义，避免了单纯叫作"人文学"所可能引生的不必要的歧义。本丛书的 logo，由黑白八点构成，以玄为德，以白为雅，黑白双色正好体现德雅兼蓄之意。同时，这八个点既对应于拜德雅之学的"八艺"，也对应于柏拉图在《蒂迈欧篇》中谈到的正六面体（五种柏拉图体之一）的八个顶点。它既是智慧美德的象征，也体现了审美的典雅。

不过，对于今天的我们来说，更重要的是，跟随福柯的脚步，向着一种新型的人文科学，即一种新的拜德雅前进。在我们的系列中，既包括那些作为人类思想精华的**经典作品**，也包括那些试图冲破人文学既有之藩篱，去探寻我们生命形式的可能性的**前沿著作**。

既然是新人文科学，既然是新拜德雅之学，那么现代人文科学分科的体系在我们的系列中或许就显得不那么重要了。这个拜德雅系列，已经将历史学、艺术学、文学或诗学、哲学、政治学、法学，乃至社会学、经济学等多门学科涵括在内，其中的作品，或许就是各个学科共同的精神财富。对这样一些作品的译介，正是要达到这样一个目的：在一个大的人文学的背景下，在一个大的拜德雅之下，来自不同学科的我们，可以在同样的文字中，去呼吸这些伟大著作为我们带来的新鲜空气。

批判和治理如影随形，自我与技术如水随器

  《什么是批判？》是一篇难读的文章，但又是一篇值得认真研读的文章，因为它集中表述了福柯的批判思想和他的研究方法，是研究福柯晚期思想的一把钥匙。说它不易理解，其中一大难点就是福柯使用了很多和"批判"相关的词或词组，如"批判"、"批判态度"、"批判方法"、"批判计划"、"狭义的批判"、"批判事业"、"第一种批判态度"、"第二种批判态度"、"新的批判态度"等，但并未进行详细区分。福柯这样做可能是因为他面对的是哲学方面的专家和学者，但不可否认的是，这的确给一般读者的理解造成了困难。为了便于理解，有必要区分两大类批判：首先是福柯要加以阐述的批判，或者批判态度，其定义就是不愿被治理，或者不愿被这样治理的态度，在此意义上，福柯认为他对批判所下的定

义类似于康德对启蒙所下的定义，因此可以把康德所谓的启蒙纳入福柯所谓的批判；其次是康德的狭义批判理论、批判计划、批判事业、新的批判态度等，其要旨在于为人的认识划出界限，规定什么可以认识，什么不可以认识。这两种批判在福柯的文章中相对而言，"相对"即表示两者并不等同。

相对于康德的三大批判等理论巨著，他的《什么是启蒙？》一文实在是微不足道，但福柯发现了这篇短文，就像发现了一个宝库，这给福柯提供了一大契机，使他大做文章，由此回顾自己的学术生涯，总结自己的理论著述，提出他自己的批判思想，并界定他自己的思想在现代哲学中的位置。由此来看，理解福柯如何解读康德论启蒙的文章，如何阐发他自己的批判观点，这应该是理解福柯晚期学术思想的一大关键。

依福柯之见，康德把启蒙描述为一个历史转折点，人类由此开始公开地、自由地使用自己的理性，不臣服于任何权威。福柯所谓批判，就是不愿被这样治理的态度。康德用人类的不成熟状态来界定启蒙：某种外部权威使人离开某种指导就无法使用自己的知性；不成熟状态至少有两大原因，首先是权威的滥用，其次是缺乏勇气和决心。于是康德呼吁要勇敢地走出不成熟状态，敢于认识，并把这种勇敢视为启蒙的口号。在福柯看来，康德对启蒙的看法基本符合他的批判定义，符合针对治理指导权的批判，因为两者的根本目的都在于使人变得成熟，摆脱臣服状态。

福柯在"什么是批判？"的演讲中多次提到康德对启蒙的看法和康德的批判理论之间的距离或差异。这就涉及康德如何相对于启蒙来界定他自己的批判理论。康德关注启蒙，就是关注他所处的现在。要理解人类现在处于历史发展过程中的什么阶段，首先就要理解人类理性的发展阶段。人类是否成熟，首先取决于人类理性是否成熟。现在人类正处于关键时刻，尤其需要批判，因为批判的任务就在于确定正当地使用理性的前提条件，由此才能确定我们能够知道什么。对理性的不正当使用正是导致独断论和他律的原因。要人成熟，要理性自主和自律，必须对认识进行批判。或许正是在此意义上，康德的批判理论就成了启蒙的先决条件，或者成为启蒙的前言。换言之，康德把启蒙纳入到他的认识批判理论当中，也就是从批判理论的框架来解读启蒙。可这样的认识论批判却和启蒙拉开了距离。可以从多方面来理解这一距离。首先，批判针对治理，而康德的批判理论却针对人的认识，或者说把批判矛头转入认识领域。其次，批判突出的是人的不愿臣服的态度，尤其是治理领域中的不臣服态度，而康德的批判理论却会使人幻想在达到成熟之后，理性完全自主、自律，不再需要别人对他说"要服从"，因为人的理性自律会使他自觉服从，好像人可以由此摆脱治理。

依福柯之见，由于康德在启蒙和批判理论之间引进了差异，由此导致的结果就是使人从认识方面来考虑启蒙，分析方法就是"对认识的历史模式合法性进行调查"。很多人都使用过这种方法，旨在调查认识对自己有什么错误观念，面临什么滥用，并和什么统治相联系。针对这一由康德开启的批判传统，福柯提出了所谓"事件化"方法，其要旨即是个别化、实证化。从认识方面寻找权力滥用的原因，调查知识在什么地方被权力利用，这种分析方法的特点就在于把知识和权力分开，然而在福柯看来，知识和权力在根本上是无法分开的。并没有一方面是知识，是中立的科学知识；另一方面则有权力，尤其是坏的权力对科学知识的利用。任何知识的形成、积累、保存、传播等都离不开权力；反过来，任何权力的运行都需要知识，如基督教牧领制权力就需要了解信徒的所有个人情况，就像牧人必须对羊群、对草地质量和分布都要具备丰富的知识，近现代规训权力则离不开对个体的心理、行为特征、消费、性行为、生育等各方面的认识。与其从认识方面提出启蒙问题，福柯建议尝试相反的道路，从认识和统治的关系来提出认识问题，而出发点就是批判态度，就是摆脱不成熟状态的态度。福柯建议重归启蒙，重归批判，这里应该还有一大原因：康德的批判理论旨在为认识划定不可逾越的界限，由康德开启的这种批判传统注重批判理性在现代化发展过程中的失误，这样的批判重在限制，而启蒙的批判却在于勇敢，在于冲破限制。福柯在《什么是启蒙？》（与康德的文章同名）一文中建议：以必然限制为形式的批判，这是指康德的批判，必须把这种批判转变为以可能的突破为形式的实践批判。而福柯在"什么是批判？"的演讲中提出的批判思想恰恰在于给人们展示一个开放领域，说到底，知识和权力的关系，或者权力关系，不是一个封闭体系，而永远和可能性，和可逆性，和可能的颠倒相联系。

批判，批判态度，就是不被过度治理的艺术。福柯的这一定义，一开始就把批判界定在治理范围内。不愿被治理，就是不愿这样被治理，不存在根本不愿被治理的问题，不存在彻底的无政府主义。人只要生活在人类社会，就必然有治理问题。批判的对象仅仅是"过度"。批判通常在哪些问题上展开？批判可以表现为不愿这样被治理，这意味着被治理者不喜欢这样的治理方式，但可接受其他的治理方式。批判可以表现为不愿由这些人治理，这意味着被治理者可接受另外一些人的治理。批判可以表现为不愿以这样的原则之名，这意味着被治理者可接受另外的名义。批判可以表现为不愿为了达到这样的目的，这意味着被治理者可接受另外的目的。批判可以表现为不愿通过这样的手段，这意味着被治理者可接受另外的手段。批判可以表现为不愿付出这样的代价，这意味着被治理者可接受另外的代价。总之，任何治理都必须由某些人主导，都必须打出某个旗号，都必须有一定的目标，都必须有一定的手段，都必须付出一定的代价，而批判也恰恰在这些方面进行。批判一方面质疑治理，怀疑治理，试图限制治理，但批判在根本上又与治理不可分割。所以福柯说，批判既是治理的对手，又是治理的伙伴。现代治理术的兴起，就伴随着各种抵制治理的声音。有什么样的治理，就有什么样的批判。

就西方历史来说，当基督教成为治理主旋律，批判也围绕这个主旋律进行。什么是《圣经》的真理？这是怀疑由教会所阐发的真理。如何进入《圣经》的真理？这是怀疑由教会及其神职人员所指定的进入途径。《圣经》是真实的吗？这是怀疑《圣经》的真实性，怀疑由教会给出的解释。批判也可能以普遍的、永不失效的权利，比如说以自然权利来质疑治理的合法性。批判还可以从信念的角度来质疑治理，即不认为权威所说的是真的，试图把信仰建立在自己确信的基础之上，而不是人云亦云地跟风。

福柯在《什么是批判？》的手稿中对批判还提出一些定义，但他在正式演讲中没有说。譬如，批判作为对治理术的原则、方法和结果的怀疑，它提出了所有人的拯救问题。即批判在根本上涉及所有人，绝不是一个人的私事。这里，福柯可能参照了康德的说法：理性在私下使用中，即在职业中的使用应该有限制，但理性在公共使用中却应该是自由的，这是当人以社会一员的身份，以人的名义向全社会说话。

批判以战斗姿态出现，一方面反对权威、传统和权力的滥用，另一方面也反对权力的帮手，其中包括人的懦弱、盲从、惰性等。批判就是质疑对人的治理，而治理即是权力联合真理来治人，所以福柯说批判的作用就是在真理政治的游戏中去臣服，因此批判就是自愿不臣服的艺术。批判的关键，或者其出发点就在于一个决定和选择，但不是一般的选择和决定，如选择某个职业，而出自一个"永久性的、决定性的意志"。这里，福柯又回到康德关于启蒙的呐喊：要勇敢地去认识。没有勇敢，没有决心，那就没有启蒙，也就不能摆脱不成熟状态。说到底，造成不成熟状态的原因并非仅仅由于权威的问题，被治理者缺乏勇气和决心也是一大原因。批判的问题于是被归结到意志和决心的问题。

这种"永久性的、决定性的意志"应该就是福柯多次提到的"习性"(éthos)。在古希腊语里，这个词指一个人的习惯性格，如习惯行为、举止等。福柯在《什么是启蒙？》一文中就用这个词来界定现代人的特征，认为现代人的根本特征就是他的批判精神。习性，或者秉性，这不是一种普通的态度，而是一种带有根本性的立场，一种挥之不去的犟脾气。这种习性就在于通过我们自己的历史本体论，对我们的所言、所思、所为进行批判。福柯还进一步把批判和他的考古研究和谱系研究相联系。这种批判以考古学为方法：它并不寻找认识的普遍结构（如康德那样），而是探讨把我们的所言、所思、所为连接起来的话语；这种批判以谱系学为目的：它试图展示那些把我们变成现在所是之人的偶然性，由此指出一种可能性，使我们不再像现在这样说话、思考和行动。福柯通过阐述他的批判思想，展示了他的整个思想轮廓。

按照福柯的批判定义，革命运动和革命战略也应该属于批判，因为革命运动说到底就是反对如此这般的治理，但还是可以注意到革命运动和批判的若干差异。首先，比如说中国历史上的革命运动，即以顺天应人为号召的汤武式革命，或者以替天行道为口号的造反，它们主要从外部入手，以夺取国家权力为根本目标，也就是从外部取而代之，而福柯式批判主要在治理内部进行。其次，革命战略有解放，甚至有彻底解放一说，批判则没有这样的解放之说，因为人永远生活在权力关系当中。在梁山泊山寨里，同样有着等级森严的尊卑体系，或者说有着严格的权力关系。在此意义上，福柯式批判不仅需要勇气，还需要难得的清醒，即明知批判也会制造新的权力关系，但仍然义无反顾地进行批判。启蒙时期的哲学家们，他们高唱理性的赞歌，满怀人道主义的情怀，洋溢着乐观主义，他们相信理性会使人成熟，相信人类的进步和社会的公正，相信科技的发展会给人带来美妙的未来，他们提出了各种改造社会的计划，包括乌托邦设计。与他们相比，福柯显然没有这样的激情和乐观，在启蒙时代之后的几个世纪中，人类社会所经历的风风雨雨使福柯更加清醒和谨慎。"由于我们不断听到有人高唱，说我们的社会和经济组织缺乏合理性，结果我们面对着我不知是太多还是太少的理性，不管怎么说，我们肯定面对着太多的权力；由于不断地听到我们高唱大革命的许愿，我不知道大革命在其发生地是好还是坏，但结果我们都面对着某种权力的惰性，而此权力无限地延续着……"可以说，福柯的思想主旨正在于质疑近现代社会的治理，包括各种解放蓝图，质疑真理所包含的权力因素，警惕人的认识能力的扩大会强化对人本身的治理。虽然福柯并不赞同启蒙时代的所有观点和主张，但他还是继承了启蒙的根本，那就是批判精神。其三，时间性不同：批判的任务不是暂时的，而是长期的、持久的，不是"革命尚未成功，同志仍须努力"那种奋斗，而是只要有治理，批判就永远是现在进行时。

治理这个词现在已成为常用词，时常见诸报端，但不能忘记，在 20 世纪，尤其在长达半个多世纪的冷战期间，冷战双方在军事上对峙，并不时爆发局部战争，在意识形态上也针锋相对。当阶级斗争上升为世界政治的主旋律，阶级专政的硝烟便遮盖了治理的基本问题，如治理人员、治理原则、治理手段、治理代价等方面的问题。大潮涌来，一些岛礁可能会被暂时淹没，但当大潮退去，被淹没的岛礁又会露出水面。现在，冷战的硝烟已经尘埃落定，被阶级斗争大潮暂时遮盖的治理问题又再次露面。打土豪带来的兴奋是短暂的，但面对治理却是永久的。从阶级观点来看，朱元璋出身于社会底层，他坐上龙庭之后采取了若干缓和社会矛盾的政策，但归根到底他还是要进行治理，农民们还是必须面对治理。李自成领导的农民起义军深受贫困农民的欢迎，有民谣说"盼闯王，迎闯王，闯王来了不纳粮"。这种不纳粮的想法，用福柯的话来说，就是完全不愿被治理的意愿。这当然是农民对彻底解放所抱的一种幻想，类似于启蒙的天真，即梦想理性达到自主和自律之后可以不再服从，由此彻底摆脱治理。退一万步说，即使李自成坐上龙庭，李皇帝也必须进行治理，而农民则必须一如既往地完税纳粮。社会人永远都面对治理，但批判或批判态度却由此而起。批判与治理如影随形。

自我是什么? 自我就是和自己的关系。福柯对自我的这一定义，一开始就以造就自我的各种因素来界定自我。和自我相关的不是什么自我的本质或者自我的普遍概念，而是一系列自我实践和自我技术，而这些都是在一定的自我文化中发生的。如在古希腊的自我文化中，"记事本"的使用就是形成自我关系的一项重要技术：人们在记事本中记上各种人生格言、生活中必须遵守的准则、名人名言，老师说过的话、朋友的忠告、自己的感想、自己要做的事情等，不时拿出来翻阅，由此就慢慢形成了一种和自己的独特关系。阿西比亚德师从苏格拉底，他就被要求首先要学习关注自己，只有首先学会关注自己，以后才能关注他人，因为治理他人的先决条件就是治理自己。但从基督教开始，自我的文化进入一个新的阶段，以前的自我实践和自我技术开始服务于新的自我文化：如果说古希腊人在散步时，看到什么人或物，自问什么取决于自己，什么不取决于自己，主要关注自己和外界之间的控制关系，那么在基督教之后，譬如说当神学院的学生在散步时，他看到什么，他会自问什么体现了上帝的恩宠，想到造物主的伟大，由此他确立了自己对上帝的服从关系；如果说古希腊人的记事本主要是格言汇编，那是为了加深对人生准则的记忆和理解，那么后来的基督徒则必须在记事本上记上自己的所有思想活动，他必须深挖自己的灵魂深处，检查其中是否隐藏着可能使人堕落的肮脏思想，由此开启了自我审查的时代。

自我，初看好像是一个自然的客观存在，有其独立的，不以人的意志为转移的本质或属性。要理解自我，就要从这个超越时空的不变本质出发。福柯的思路不是这样，他的问题是：这个自我是怎么来的？它的形成条件是什么？福柯的一个根本思想，就是自我不是什么自然的客观存在，而是在一定的自我文化中，由一定的自我实践和自我技术造成的。福柯的这种思想有些和佛理相吻合。有一个故事说，一位达官贵人去拜访一位修行朋友。贵族衣着华丽，地位又高高在上，看到修行朋友的拮据生活，不免对人生的不同命运大发感慨。可修行人却说，你我本来不过是一片树叶，一阵风吹过来，把你吹呀吹，吹入豪宅深院；而一阵风把我吹呀吹，吹入墙角，又吹入粪坑。可以借用这个故事来解读福柯关于自我的思想。什么是"真"？一个是达官贵人，锦衣玉食，地位显赫；另一位则贫穷潦倒，甚至食不果腹，衣不遮体，这些都是"真"，也是贵族眼里的"真"。但修行人的"真"不是这样，他的真理观是：人际所谓差别不过是由"风"这类偶然因素造成的，人实际上都是"树叶"。按佛教的说法，贵族太注重"身份"，明显陷于所谓"我执"，陷于"我"的各种具体的"相"，误以为"相"就是"真"，而没有认识到"我"就是无，色就是空。并没有一个原始的"我"，没有什么本我和真我。同样，在福柯这里，也不存在什么形而上的"真"，不同时代，不同领域中所认为的"真"都是由相关条件造就的。是什么原因导致疯子在近现代被关押？是什么原因导致精神病院的诞生？并不是因为最终发现了疯的不变本质或真相。是什么原因导致近现代监狱的诞生？也不是因为发现了什么是犯罪真相。又是什么原因促使近现代人孜孜不倦地谈论性这个主题？当然更不是因为发现了所谓真正的性，作为人的本质的性。所谓真正的疯、真正的罪、真正的性，这些形而上概念，包括每个人的自我、真我、本我，实际上都是由"风"那样的因素造就的。康德的思想被认为具有革命意义：在他之前，人们从外部认识世界，而康德则发现人的理性本身就有局限；在认识外部世界之前有必要首先认识人的理性。这种认识论的变化被视为康德的哥白尼革命。由此来看，福柯的思想也具有革命意义：他的研究就像上面那位修行人的话，把所有关于人的永恒本质的神话都归结到类似"风"那样的因素。

人总要通过什么，总要通过某种自我实践和自我技术来形成自我。没有自我实践和自我技术就没有自我。或者有什么样的自我实践和自我技术就有什么样的自我。在此意义上，自我就像水，而水的形状取决于容器的形状。在此层次上，福柯的研究基本上就是探讨造就自我的各种因素，探讨他所谓的限定性，他研究这些限定性的成因、走向、与什么因素结合，以什么名义运行，由此导致了什么样的自我。但研究人是怎么来的，说到底这还是手段，福柯的根本目标却在于指出人的自我创造的可能性。人为什么要自我创造？或者自我创造为什么可能？因为我们的自我本来就是由多种偶然因素造成的，本来就是风云际会的结果，没有什么永恒不变的本性，再说现在的自我当中就包含了前人的选择。福柯反复说，问题不在于去发展自我，不在于发现自我，而在于构成自我。总之，自我并非一开始就是被给予的实在。福柯在《什么是启蒙？》一文中以波德莱尔的例子来说明什么是现代人的习性：身为现代人，并不是接受由时事造就的我们的自己，不是去发现自己，不是去寻找自己的秘密，不是去寻找自己的被掩盖的真相，而是去创造自己。"我"没有真相，这就是"我"的真相，或者说，真相即为无相。

在"什么是批判？"的演讲中，福柯把批判定义为对治理的质疑，对治理原则、治理方法、治理代价和结果的质疑，而在《自我的文化》和《什么是启蒙？》等文章中，福柯则强调自我的创造。批判和创造，或许可以在此看到本书编者把"什么是批判？"和"自我的文化"放在一起的用意。批判既可针对治理，也可针对自己，也就是可用批判态度来对待自己，不把自己当作是理所当然的存在，而是质疑自己，质疑构成自我的原则、方法和代价，把自己当成是一件有待于精心制作的艺术品。而无论是质疑治理的批判，还是质疑自我的批判，出发点都是一样的，那就是启蒙的精神。启蒙的实质就是批判，就是走出不成熟状态的勇气和决心。在《什么是启蒙？》一文的最后，福柯说他不知道是否有朝一日我们会变得成熟；我们经验中的很多事情使我们相信：像启蒙这样的历史事件并未使人变得成熟，至少我们现在还不成熟。从福柯的批判和治理的关系来看，启蒙恐怕应该是人类永久的任务，但不管怎么说，既然现在我们还不成熟，那么启蒙至少应该是一项现实的任务。

福柯著作名缩写

AN   《不正常的人: 法兰西学院讲课(1974—1975)》, V. 马尔
凯蒂(V.Marchetti), A. 萨洛蒙(A.Salomoni)主编, 巴黎,
Seuil-Gallimard, 1999年。

AS   《知识考古学》, 巴黎, Gallimard, 1969年。

CV   《说真话的勇气——治理自己与他人II: 法兰西学院讲
课(1984)》, F. 格罗(F.Gros)主编, 巴黎, Seuil-Gallimard,
2009年。

DE1   《言与文(卷一), 1954—1975》, D. 德菲尔(D.Defert),
F. 埃瓦尔德(F.Ewald)主编, 合作者J. 拉格朗日
(J.Lagrange), 巴黎, Gallimard, 2001年。

DE2   《言与文(卷二), 1976—1988》, D. 德菲尔(D.Defert),
F. 埃瓦尔德(F.Ewald)主编, 合作者J. 拉格朗日
(J.Lagrange), 巴黎, Gallimard, 2001年。

GSA　　《治理自己与他人：法兰西学院讲课(1982—1983)》，F. 格罗(F.Gros)主编，巴黎，Seuil-Gallimard，2008年。

GV　　《治理活人：法兰西学院讲课(1979—1980)》，M.瑟内拉尔(M.Senellart)主编，巴黎，Seuil-Gallimard，2012年。

HS　　《主体解释学：法兰西学院讲课(1981—1982)》，F. 格罗(F.Gros)主编，巴黎，Seuil-Gallimard，2001年。

MFDV　《做错事说真话：招供在司法中的作用》，F. 布里翁(F.Brion)，B.E. 哈考特(B.E.Harcourt)主编，新鲁汶，Presses universitaires de Louvain，2012年。

OHS　　《自我解释学的起源：在达特茅斯学院的演讲(1980)》，H.-P. 弗吕绍(H.-P.Fruchaud)，D. 罗伦兹尼(D.Lorenzini)主编，巴黎，Vrin，2013年。

PP　　《精神病学的权力：法兰西学院讲课(1973—1974)》，J. 拉格朗日(J.Lagrange)主编，巴黎，Seuil-Gallimard，2003年。

SP   《规训与惩罚: 监狱的诞生》, 巴黎, Gallimard, 1975年。

SS   《性史(卷三): 关注自己》, 巴黎, Gallimard, 1984年。

STP   《安全、领土与人口: 法兰西学院讲课(1977—1978)》,
        M.瑟内拉尔(M.Senellart)主编, 巴黎, Seuil-Gallimard,
        2004年。

SV   《主体性与真理: 法兰西学院讲课(1980—1981)》, F. 格
        罗(F.Gros)主编, 巴黎, Seuil-Gallimard, 2014年。

UP   《性史(卷二): 快感的享用》, 巴黎, Gallimard, 1984年。

VS   《性史(卷一): 认知意志》, 巴黎, Gallimard, 1976年。

关于本书的说明

本书将介绍福柯的两次演讲：

1978 年 5 月 27 日，福柯在位于巴黎大学的法国哲学学会作了一次演讲，该学会于 1990 年发表了这次演讲，题为"什么是批判？（批判和启蒙）"。

1983 年 4 月 12 日，福柯在加州大学伯克利分校作了一次英语演讲，题目是"自我的文化"。

在此演讲之后的数天内，福柯参加了三次讨论会，这些讨论会分别由加州大学伯克利分校哲学系、历史系和法语系组办，前两次用英语，最后一次用法语。讨论会的文字附在福柯的演讲之后。

福柯的这两次演讲，时隔五年，期间他的思想发生了重大演变。不过在我们看来，同时发表这两次演讲还是富有意味的，因为正如福柯自己所做的那样：那是他在法兰西学院开讲"治理自己与他人"这一课之初，即在 1983 年 4 月 12 日演讲之前几个月，他就以一篇长文来论述启蒙，由此开启了这次演讲，而关于启蒙的文章则回应了他于 1978 年 5 月在法国哲学学会所作演讲的主题。

关于本书文字的校订：

1978 年 5 月 27 日的演讲，系根据法国哲学学会会刊于 1990 年第二期（会刊第 84 年，4 月至 6 月，35-63 页）上发表的文本。但在参考了由法国国家图书馆保存的演讲手稿（其中有几个段落，福柯在演讲时没有说），同时参考了寄给福柯，并让他校读的首次整理文本（其中并无福柯亲手做的修改）之后，我们对哲学会刊发表的文本做了若干改动。

至于 1983 年 4 月 12 日的演讲，以及随后的三场讨论会，系根据加州大学伯克利分校和 IMEC 保存的录音材料，英语的文字整理得到了戴维·K. 汤姆林森（Davey K.Tomlinson）的帮助。我们还在法国国家图书馆参考了福柯的演讲手稿。

文字的整理尽可能按照原文。我们只是在必要的时候才取消了若干重复，或者取消了福柯在英语辩论会中表现犹豫的地方，因为他有时要寻找合适的用语，我们还改正了一些不正确的句子结构。此外，我们还简述了讨论会的提问，并去掉了一些无关主题的对话。

　　我们在此谨向法国国家图书馆表示感谢，它给我们提供了宝贵的帮助，使我们得以参考福柯资料库的材料，而该资料库尚未对公众开放。

　　我们还要感谢法国哲学学会，它允许我们再次发表福柯1978 年 5 月 27 日演讲之后的讨论。

H.-P. 弗吕绍

D. 罗伦兹尼

导　言

福柯的思想经历了一系列转变，但同样的声音却总是可以辨认出来的。问题在于一方面把握这些变化，同时又把握这一在哲学上如此独特的声音。本书的中心是两次演讲，时隔五年之久，它们好像显得非常遥远。然而在这两次演讲中至少存在着某种基本的连接点，其价值和含义都值得详细阐发，这一连接点说明了两者的初次接近：这就是福柯对康德《什么是启蒙？》[1]一文的参照，福柯同时思考了康德的批判任务的含义，他以激进方式对此任务重新定义，以便为己所用。

这种参照贯穿了福柯从 1978 年到 1984 年[2]的所有文章和讲话，只是这种参照经常是快速涌现，几乎隐隐约约，没有进行任何系统的分析。但有两个"时刻"是例外：1978 年，在

1　E. 康德，"对'什么是启蒙？'这个问题的回答"（1784），见《哲学全集》，卷二，H. 威斯曼法译本，七星文库，巴黎，Gallimard，1985 年，207-217 页。

2　参见本书"什么是批判？"，72-73 页，注释 10（编按：此为原书页码，读者可根据本书页边码查找，后同）。

为乔治·康吉莱姆《正常与病态》[1]一书的美国英文版所作导言

12 中，福柯提到了康德的文章和启蒙的问题，他在法国哲学学

会所作演讲中则详尽地谈论此问题，我们在此首次发表这一

"批判"文本。其次是在1983年，福柯一方面在法兰西学院

关于"治理自己与他人"[2]的首次讲课中又谈论此问题，其中若

干节选被重新整理，并以文章形式在1984年发表[3]；此外，福

柯还有一篇文章讨论此问题，文章在美国发表，时间也是在

1984年[4]。1983年4月12日，地点在加州大学伯克利分校，福

柯决定在"校董讲座"（Regent's lectures）的演讲（我们在此首

次发表此演讲）中，以一段关于康德论述启蒙文章的简短讨论

开始，据他说，目的在于"说明我为什么对'自我的文化'这

一作为哲学和历史问题的主题感兴趣"[5]。

我们在此介绍的两次演讲："什么是批判？"和"自我的

1　米歇尔·福柯，"福柯的导言"，见DE2，文章编号219，429-442页。

2　GSA，8-38页。

3　米歇尔·福柯，"什么是启蒙？"（Qu'est-ce que les Lumières?），见DE2，文章编号351，1498-1507页。

4　米歇尔·福柯，"什么是启蒙？"（What is Enlightenment?），见DE2，文章编号339，1381-1397页。

5　参见本书"自我的文化"，81页。

文化"，它们构成了两"极"，由此可以考察福柯在 1978 年和 1983 年之间的思想演变。于是可以思考福柯阅读《什么是启蒙？》（这成为他手中的一个真正的工具箱）一文的不同方法，不过还可以思考连续性因素，不管怎么说，这些连续性因素促使他把自己的历史 - 哲学观点以及现在和过去的研究都纳入到由康德论述启蒙的文章所开启的"批判"问题之中；不过，依福柯之见，他的"批判"问题不能，也不应该被等同于康德那种严格意义上的著名批判研究。如果说福柯对康德的参照始终具有决定性意义，而且这种参照自从他关于"人类学"[1] 博士副论文就开始了，那么他试图通过揭示另一个康德，或者至少通过阐明一条替代"批判"之路的"康德"之路，由此勾画出他自己的哲学实践的谱系。

13

一个不恰当的题目，或者康德 *vs.* 康德

1978 年是福柯学术生涯的关键一年。他在法兰西学院的讲课"安全、领土与人口"开始了"治理术"[2] 主题，此主题以

1　E. 康德，《实用人类学》，福柯翻译并撰写导言，巴黎，Vrin，2008 年。

2　STP，111 页。

"治理自己与他人"问题为形式，构成了福柯的研究中心，直至 1984 年。在此次讲课中，福柯在叙述治理人的观念史的时候，注意到他所谓"牧领权力"（pouvoir pastoral），并提出作一详细研究，这就促使他分析了中世纪五个"反牧领指导"[1]。1978 年 1 月[2]，福柯第一次提到康德论述启蒙的文章，并作了评论（尽管非常简短）：在为乔治·康吉莱姆《正常与病态》一书的美国英文版所作导言中，福柯强调康吉莱姆的著作在战后法国思想中所发挥的主要作用，由此他考虑这类思考和现在之间存在深刻联系的原因。他认为，科学史在法国就成为这样一个背景，即启蒙问题（不再仅仅是理性思维的性质和基础的问题，而且还是其历史及其地理，其过去及其现实的问题），在其中再次被激活为考察某种理性的方法，此理性的"结构自主性本身即带有独断论和专制主义的历史"。这样，首先是为了把康吉莱姆的研究纳入这类思考当中，福柯描述了 18 世纪末开创某种"哲学的新闻工作"（journalisme

---

1　参见 STP，119-232 页。

2　参见 D. 德菲尔，"年表"，见 DE1，73 页。

philosophique）[1] 的时刻；哲学的新闻工作在于分析"当下时刻"，由此它为哲学打开了"一整个历史‐批判层面"，而卡瓦耶斯、柯瓦雷、巴什拉、康吉莱姆，还有法兰克福学派的哲学家们，他们都是此层面研究的继承人[2]。

14

　　1978 年初，福柯去日本呆了一段时间[3]，他在旅日期间作了一系列重要的演讲[4]。返回法国后不久，福柯于 1978 年 5 月 27 日在法国哲学学会作了"什么是批判？"的演讲。从若干情况来看，这一次演讲实在是福柯学术著作中独一无二的（unicum）。福柯首先从题目问题说起，他实际上是请求谅解，因为他没有给演讲定一个题目，他随后立刻解释道：他希望探讨的问题就是"什么是批判？"（1990 年，法国哲学学会会刊发表此演讲时就选择了此标题）。不过，福柯承认他曾经被一个题目"纠缠"，但他最后不愿或者不敢选择，因为此题目"不

1　"哲学的新闻工作"这个主题和康德论启蒙的文章相连系，此主题在 1979 年 4 月的一篇文章中再次出现（参见米歇尔・福柯，"一种令人不快的道德"，见 DE2，文章编号 266，783 页），但在以后的文章中彻底消失，这也许是因为福柯在伊朗革命时期所作新闻报道所引起的论战。参见本书"什么是批判？"，73-74 页，注释 12。

2　米歇尔・福柯，"福柯的导言"，同前，431-433 页。

3　参见 D. 德菲尔，"年表"，同前，74 页。

4　参见本书"什么是批判？"，71 页，注释 1。

恰当"[1]。这个不恰当的题目当然就是"什么是启蒙？"[2]。不过福柯在 1984 年不再犹豫使用此题目。有必要思考福柯犹豫的原因，或者更确切地说，思考他给法国哲学学会成员提出这一"游戏"的原因[3]。

15 这可能和下列因素相关，即福柯使康德的（超验）批判问题发生了扭曲(torsion)，并将此问题往他所谓"批判态度"方面转移。按福柯之见，如果说康德事实上把批判态度和启蒙问题纳入"超验认识论"(épistémologico-transcendantale) 的批判问题之中，那么现在应该"尝试一下相反的道路"，即从"某种决定不被治理的意志"[4]出发，在认识和统治的关系中提出认识问题。早在 1969 年，"什么是作者？"这个表面上的传统问题就是一个借口，目的是为了从作者 - 主体向作者 - 功能[5]

---

1 参见本书"什么是批判？"，33 页。

2 参见本书"什么是批判？"，58 页。

3 弗雷德里克·格罗 (Frédéric Gros) 和菲利普·萨博 (Philippe Sabot) 在两篇难得的文章中谈过这个问题，请参阅：F. 格罗，"福柯和康德的启蒙一课"，《光明》，2006 年第八期，159-167 页；Ph. 萨博，"开放：批判，批判态度，抵抗"，É. 乔利，Ph. 萨博 (主编)，《米歇尔·福柯：抵抗权力》，阿斯克新城，Presses universitaires du Septentrion，2013 年，13-26 页。

4 参见本书"什么是批判？"，58 页。

5 参见米歇尔·福柯，"什么是作者？"，《法国哲学学会会刊》，第 63 年，1969 年 7-9 月，第 3 期，73-104 页 (后收入 DE1，文章编号 69，817-849 页)。

（过分的）移位，换言之，时至 1978 年，就像上一次那样，"什么是批判？"这个问题使福柯有可能去进行另一次（不恰当的）移位："我能够认识什么？"这个超验的认识论问题在此变成了"态度的问题"[1]，而批判也被定义为这样一个运动："主体由此赋予自己权利，质疑真理的权力效应，质疑权力的真理话语"（interroger la vérité sur ses effets de pouvoir et le pouvoir sur ses discours de vérité)，目的是在"真理政治的游戏中去臣服(désassujettissement)"[2]。 然而还是在康德这里，不过是在另一个康德这里，即《什么是启蒙？》[3] 这样一篇"微不足道"的次要文章的作者康德这里，福柯发现了使他进行这一移位的途径。也许人们现在可以更好地理解：当时这样一个举动对哲学家听众具有什么样的不恰当因素。

1　参见本书"什么是批判？"，58 页。众所周知，在西方传统中，超验认识论问题值得从哲学上探究；而批判态度则相反可能显得是一个更具社会学色彩的对象，配不上"哲人的高傲和深邃的一瞥"。参见米歇尔·福柯，"尼采、谱系学、历史"，见 DE1，文章编号 84，1004 页。

2　参见本书"什么是批判？"，39 页。

3　当年，福柯决定谈论康德的这篇文章，此文在当时完全不为人所知。今天，人们有可能忽视这个事实，并因此忽略福柯当年所作选择的颠覆性价值，也就是旨在摧毁传统对值得重视的著作和微不足道的作品所作的区分。关于这一哲学态度，福柯赞同巴什拉的观点，参见米歇尔·福柯，"捕捉自己的文化"，见 DE1，文章编号 111，1250 页。

16 **不被过度治理的艺术**

有必要指出：福柯并非通过评论康德论述启蒙的文章而在 1978 年提出他对批判态度的定义。因此必须绝对抵制这样一个诱惑，即通过福柯 1983—1984 年的文章来阅读他的这一演讲，这样有可能会忽视其特殊性，至少有这样三点。

首先，福柯在法国哲学学会所作的演讲，与其说是对《什么是启蒙？》一文的详细分析，不如说它首先表现为对他在法兰西学院的讲课"安全、领土与人口"所作思考的继续。事实上，福柯试图发现某种思维、说话、行动方式的产生，此方式接近于他所谓"批判态度"这种德性。在他看来，此方式的产生和现代西方特有的某一历史现象相连系，也就是自15—16 世纪起，治理人的艺术的增多——这一现象见证了公民社会中某种权力形式的扩大，而此权力形式原来是由天主教会在其"牧领"实践中发展起来的，目的在于指导个人的日常行为[1]。所以，福柯在此以更加综合的方式重提他于三个月之前在法兰西学院对"牧领治理术"所作的分析[2]。不过，福柯

---

1 参见本书"什么是批判？"，35-36 页。

2 参见 STP，167-188 页。

在《什么是批判？》中提出了一个之前从未说过的观点："治理化"（gouvernementalisation）自 15—16 世纪起就作为现代西方社会的特征，它和下述问题不可分割，即"如何不被这样治理，不被这些人治理，不以这样的原则之名，不是为了达到这样的目的，也不是通过这样的手段而被治理。"批判态度于是就获得了它的第一个定义，而这里并未提及康德：作为"一般的文化形式"，"道德和政治态度"，"思维方式"，它既是治理艺术的伙伴，又是其对手——这就是"不被过度治理的艺术"[1]。 17

　　在法兰西学院的讲课中，福柯着重探讨在基督教牧领制范围内出现过的反抗点，他把"反 - 指导"（contre-conduite）定义为这样的态度，表现出这样的意愿，即愿意"被另外的方式指导，由另外的指导者和另外的牧人来指导，通向另外

1　参见本书"什么是批判？"，37 页。这一表述也许可以提示一种可能性：福柯在此所谓"批判态度"，以及他在法兰西学院的讲课"生物政治的诞生"第一课中所谓"批判的治理理性"，有可能在这两者之间标出某种联系。事实上，通过描述自由主义的出现，福柯强调"治理理性的自我限制"，这种自我限制界定了自由主义，并围绕"如何不过于治理"运行。参见米歇尔·福柯，《生物政治的诞生：法兰西学院讲课（1978—1979）》，M. 瑟内拉尔主编，巴黎，Seuil-Gallimard，2004 年，14-15 页，22-23 页。但是，这种相似只是表面的，不管怎么说是虚假的，因为自由主义本身依然是治理人的一种独特方法，而针对这种方法，总有可能以拒绝如此被治理来反对：自我 - 限制并不是反 - 指导。

的目标和另外的拯救形式，通过另外的程序和另外的方法"[1]。此概念和批判态度的接近是明显的，而批判态度则是作为"不被这样治理……，不是这样，不是由这些人，也不是以这样的代价"[2]；这里的"反"和"这样"表明这些反抗形式总是局部的和战略的层面[3]。事实上，在法国哲学学会，福柯明确地把反牧师指导的研究说成是批判态度谱系学中的一个阶段[4]：他不仅提到第一个"历史据点"就是"回归圣经"[5]，而且他在演讲之后的讨论会上还肯定地说：恰恰必须在中世纪下半期的宗教斗争中寻找批判态度的历史起源[6]。

18　　《什么是批判？》的第二个特点，就是福柯对启蒙所作的解读。尽管福柯把批判态度置于一个比"康德时期"更加广泛的历史之中，这样做是为了把它变成"完全不同的东西，而

1　STP，197-198 页。

2　参见本书"什么是批判？"，65 页。

3　福柯其实并不愿参照"某种根本的无政府主义，某种绝对地并在根本上抵触所有治理化的原始自由"。参见本书"什么是批判？"，65 页。

4　参见本书"什么是批判？"，37 页。注释 b；39-40 页，注释 a。

5　参见本书"什么是批判？"，37-38 页。另见 STP，217 页。

6　参见本书"什么是批判？"，59-60 页。

不是某个独特哲学思想的遗产"[1]，但福柯还是坚称，他给批判态度下的定义依然符合康德在 1784 年对启蒙所下的定义，即试图勇敢地走出不成熟状态，而某种外部权威却使人类处于此状态中，致使人类离开某种指导关系便无法使用他们自己的知性。在福柯的解读中，启蒙便成为一种抵抗治理指导权的实践态度，它存在于主体、权力和真理的关系领域中——福柯将此称为"批判之家"[2]——试图质疑、解开或者推翻其中的关系。因此，福柯非常明确地[3]，以比他后来所做的更加清楚的方式让启蒙发挥反对认识论批判的作用，康德把此批判设想为"现在或未来所有启蒙的前言"，因为在康德看来："并不是在我们或多或少勇敢地所做之事当中，而是在我们对自己的认识及其局限所具有的观念当中才涉及我们的自由"[4]。换言之，对康德来说，启蒙所援引的"认知勇气"在于承认认识的局限，目的是获得自主，而这种自主并不与服从对立，相

1　参见本书"什么是批判？"，39 页，注释 a。

2　参见本书"什么是批判？"，39 页。

3　参见 GSA，30-32 页，以及米歇尔·福柯，"什么是启蒙？"，同前，1386 页。

4　参见本书"什么是批判？"，42 页。

反却构成了服从的真正基础。福柯说，这项批判事业和"启蒙勇气""拉开距离"，"后退"，它在 19 和 20 世纪中以揭露权力滥用的形式继续进行，而理性本身要为此滥用负历史责任[1]——福柯似乎要在此明确地和这条道路相区别，但他还是承认和法兰克福学派有若干共同之处[2]。

19

在法国哲学学会的演讲中，福柯用最后部分很长一段来谈论方法论的思考，这是该演讲的第三大特征[3]。他重提一周前在和历史学家们座谈时已经论及的主题[4]，重提他在 1960 年代下半期设想的若干概念，然后他描述了一种"历史-哲学"实践，此实践在于阐发"连接真话语的合理性结构和与此相联的使人屈从机制"之间的关系，它与启蒙保持着特殊的关系，因为它试图看到：在什么条件下，"才可以把启蒙这个问题，也就是把权力、真理、主体的关系用于历史上任何一个时刻"[5]。

1　参见本书"什么是批判？"，43-44 页。

2　参见本书"什么是批判？"，47 页，以及 74 页，注释 19。

3　福柯在论康德和启蒙文章的最后——该文于 1984 年发表于美国，他提到了几个方法论问题，但极为概括。参见米歇尔·福柯，"什么是启蒙？"，同前，1393-1396 页。

4　参见米歇尔·福柯，"1978 年 5 月 20 日座谈会"，见 DE2，文章编号 278，839-853 页。

5　参见本书"什么是批判？"，48，50 页。

启蒙问题被这样重新定义之后，它于是就成为这样一个视角，福柯将由此从这样一个时刻去进行他的分析，并重新思考他的所有研究[1]。于是，启蒙作为一个"超历史的"(transhistorique)问题[2]，必须不仅在现代找到它（在理性和疯癫，疾病和健康，犯罪和法律等关系问题中），而且还要在公元最初几个世纪的基督教内部，在古希腊 - 罗马时期找到它[3]。

20

　　然而问题恰恰是如何进行这项历史 - 哲学分析？福柯所谓"对认识的历史模式所作的合法性调查"从认识方面提出启蒙问题，和这种调查相反，他建议把政治上进入此问题作为出发点，也就是从权力问题开始，并通过"事件化检验"

1　可以参见 GSA，4-7 页；米歇尔·福柯，"《性史》前言"，见 DE2，文章编号 340，1400-1403 页；"福柯"，DE2，文章编号 345，1450-1455 页。

2　参见 CV，161 页。1984 年，福柯以相似的方式肯定，应该在他所谓"关于我们自己的批判本体论"范围内进行的历史 - 批判调查，它们具有一般的特征，会反复出现，但这并不意味着应该标出它们之间被假设的"穿越时间的超历史持续性"(continuité métahistorique à travers le temps)："应该把握的是，我们在什么程度上所知道的东西，在其中运行的权力形式，以及我们在其中对自己所作的体验，这些都不过是构成了由某种问题化形式所决定的历史脸孔而已，问题化的形式决定了对象、行为规则，以及自我关系的模式。"参见米歇尔·福柯，"什么是启蒙？"，同前，1396 页。

3　在法国哲学学会所作演讲之后的讨论会中，福柯建议：可以用启蒙问题来清扫"一切可能的历史，直至哲学的最终源头，以致于苏格拉底的诉讼案件，我想我们可以正当地质疑此案件，不会犯时代的任何差错，但要从这样一个问题出发，不管怎么说，此问题被康德认为是一个启蒙的问题。"参见本书"什么是批判？"，64 页。

（épreuve d'événementialisation）的方法。一方面在于尽可能避免提出真理及合法性的一般问题，以知识和权力的措辞来取代认识和统治的措辞（及其固定的局限），还在于把注意力集中于始终是特殊并确定的"知识 - 权力交汇场"（nexus de savoir-pouvoir）。实际上，通过分析这些交汇场，权力因素和知识因素在此从来不分彼此，只有这样才有可能从各因素整体（精神病体系、刑法体系、轻罪体系、性体系等）的经验可观察性进入其历史可接受性——这就是福柯所谓的考古学层次[1]。另一方面则在于指出：这些整体不是自发的，它们不是必然的，也并不包含在任何超越的先验之中。把这些整体作为"纯粹的独特性"来分析，并把它们作为效应来加以说明，而不把它们纳入到"某个初始因统一体"之中。这里就到了谱系学层次，此层次恰恰试图"从众多确定因素出发来再现某个独特性的产生条件"，而从不按照某种封闭原则运行，因为能够说明某个独特效应的众多关系拥有不确定的变化余地，并表现出一种永恒的活动性。正因为此，这种分析既是考古的

---

1 参见本书"什么是批判？"，50-53 页。

和谱系的，还是战略的[1]。

通过这一迂回的办法 (也就是通过权力、真理、主体之间的关系问题) 来探讨启蒙问题，这并不意味着要让权力发挥作为基本给予物和唯一解释原则的作用，而是始终把它视为"处于某一相互作用领域之中的关系"，并"和某种可能性领域，因而和可逆性，和可能的颠倒领域相连系"[2]。换言之，对福柯来说，重新提出启蒙问题，这并不意味着试图理解认识如何能够对自己有一个正确的观念，而在于强调某种态度的伦理-政治价值，此态度既是个人的，也是集体的，它在于不愿再被这样治理。对福柯来说，在 1978 年，恰如在 1983 年至 1984 年，分析康德论述启蒙的文章于是就成为这样一种方式，在于弄清他自己的学术历程，同时衡量其研究的独特性，以及他在现代哲学领域中的定位。

1　参见本书"什么是批判？"，53-56 页。不错，福柯从未"停止考古研究"，也从未"停止谱系研究"，就像他于 1983 年在加州大学伯克利分校历史系讨论会上所说的那样，那是在他作了"自我的文化"演讲之后不久，但我们不得不注意到：他给考古学和谱系学所下的定义会随着时间而发生变化，以适应所作分析的特殊背景。参见"历史系讨论会"，本书 132 页，以及"什么是批判？"，77-79 页，注释 29 和 31。

2　参见本书"什么是批判？"，57 页。

启蒙和我们自己的历史本体论

福柯在随后数年中又有过若干演讲和文章，但批判和启蒙这个问题都不是中心议题，但在 1983 年，此问题再次明显地出现，那时福柯决定：用他在法兰西学院的讲课"治理自己与他人"的第一课来讨论《什么是启蒙？》，并概括地讨论第二篇文章《官能的冲突》(1798)，康德在其中提出了"什么是(法国)大革命？"这一问题 [1]。在福柯看来，这两篇文章实际上证明了一种独特的哲学思考方式，可以说康德开启了这一方式，此方式在于追问自己的现实——福柯在法国哲学学会所作演讲中并未强调此主题，但在他后来的一系列涉及康德论启蒙的演讲和文章中，此主题却成为最持续的内容 [2]。譬如在 1983 年 4 月 12 日，福柯在加州大学伯克利分校所作的演讲就是这样，他为了说明为什么他对"自我的文化"这一主题感兴趣，他于是开始评论《什么是启蒙？》，同时强调这是"对现在这个主题的哲学追问"，是从"我们自己使用理性的一般历史"的"非常独特的完成"这个层面提出来的。于是福柯肯定，

---

1 参见 GSA，16-21 页。

2 参见本书"自我的文化"，99 页，注释 5。

康德把"某种新型问题"引进哲学之中：这不是如何不被如此治理的问题，而是"哲人在写作，他自己也隶属于其中的这一确切时刻"的历史 - 哲学意义问题[1]。

因此，福柯在 1983 年并未明确地把启蒙问题等同于批判态度问题，而是等同于一个不同的"历史 - 批判"问题："我们现在是怎么回事？"。如果说福柯依然注意到《什么是启蒙？》和康德的狭义批判理论之间的某种差异，他还是以新的方式描述了这种差异：康德开启了两大不可合并的哲学传统，尽管这两者在康德的著作中是相互联系的。一方面是"真理的形式本体论"或者"对认识的批判分析"传统（什么是真理？如何可能认识真理？）；另一方面是"我们自己的历史本体论"或者"思想批判史"传统（什么是我们的现实？作为隶属于这一现实的我们是怎么回事？）[2]。福柯在此重复了他数月前在法兰西学院所提出的图式，把康德的批判理论和"真理分析"传统相连系，把康德论启蒙以及法国大革命的文章和某种批判传统相连系，此批判传统相反提出了"现在可能的体验范围"

23

1　参见本书"自我的文化"，82 页。

2　参见本书"自我的文化"，84 页。

问题——福柯称之为"一种现在的本体论，一种现实的本体论，一种现代的本体论，一种我们自己的本体论"[1]。

在伯克利分校，福柯说他自己属于第二种传统，并说，"关于我们自己的所有本体论历史都必须分析三大类关系：我们和真理的关系，我们和义务的关系，我们和自己以及他人的关系"[2]。人们可以在此认出福柯在1978年定义的"批判之家"：在主体、权力、真理之间构成的关系[3]。1983年，福柯更明确地说，如果他曾经研究疯癫、精神病学、犯罪、惩罚，这促使他把重点主要放在我们和真理以及权力的关系上面，那么现在他要研究"我们的性体验的构成"，他对我们和自己

1　参见 GSA，21-22 页。1980 年 10 月，福柯在伯克利分校的"豪威逊讲座"(Howison Lectures) 中划分的一个对立似乎提前表达了这些说法：他说，问题在于"寻找另外一种批判哲学；不是那种试图确定我们可能认识什么对象的条件和局限这种批判哲学，而是这样一种批判哲学，它寻找主体以及我们自身转变的不确定条件和可能性"。参见 OHS，37 页，注释 b。

2　参见本书"自我的文化"，84 页。

3　在《快感的享用》一书第一版导言中，福柯以相似的方式把批判定义为"对历史条件的分析，而和真理、规则、自我的关系即根据这些条件而构成"。参见米歇尔·福柯，"《性史》前言"，同前，1399 页。

的关系,对"自我的技术"越来越感兴趣[1]。事实上,如果在《认知意志》一书中,福柯从性屈从于性科学和与之相关的权力关系这个角度来谈论性的主题[2],那么当他研究古希腊-罗马时期的性体验时,他意识到自我技术的关键作用,人们可借助于自我的技术,相对于科学和权力关系而自主地(至少部分如此)给自我赋予形式。在"自我的文化"演讲中,福柯利用对康德论述启蒙的文章和我们自己的历史本体论的讨论,以此来定义哲学框架,并说他始终在此框架内从事研究[3]:分析自我的关系,分析主导我们自己的构成的自我技术,这些技术

24

---

1 参见本书"自我的文化",85 页。在加州大学伯克利分校哲学系讨论会上,即在福柯作了"自我的文化"演讲后不久,他解释道,事实上"至少在我们的社会中","形成自我关系的领域,其主要部分就是性的体验";所以,"几乎不可能把自我的构成问题和性史问题分开"。参见米歇尔·福柯,"哲学系讨论会",本书 121 页。有关引入自我技术这个主题的相似论证,参见 OHS,37-39 页;米歇尔·福柯,"性和孤独",见 DE2,文章编号 295,989-990 页;"个人的政治工艺",见 DE2,文章编号 364,1633 页。

2 参见 VS,71-173 页。

3 参见米歇尔·福柯,"主体和权力",见 DE2,文章编号 306,1042 页:"不是……权力,而是主体才构成了我的研究的一般主题。"

也处于"希腊-拉丁的自我文化"的中心[1]。

相对于福柯同时期的其他文章和演讲，他对《什么是启蒙？》的研究和他对古希腊-罗马的分析，他在这两者之间所建立的这种密切联系构成了他在伯克利演讲的一大突出特征。事实上，除了他于 1982 年 10 月在佛蒙特大学所作的演讲，当时他肯定由康德论述启蒙的文章（《我们此时此刻是怎么回事？》）所提出的问题确定了"自我技术"研究的"一般框架"[2]，关于《什么是启蒙？》的讨论总是相当脱离他对古代所作的分析。在"治理自己与他人"讲座第一课中[3]的"补注"（Excursus）或"小题词"（petite exergue），这在 1984 年发表于美国的文章

1　参见本书"自我的文化"，88 页。正如福柯在哲学系讨论会上所解释的，他之所以使用"文化"这个词，因为自我的文化"曾经并不仅仅是一个哲学观念，而实实在在是一种实践"——这曾经既是一个概念，又是一个技术整体，一种体验类型，一种社会活动。参见本书 112, 117-118 页；又见米歇尔·福柯，"历史系讨论会"，本书 140-141 页，福柯在此强调希腊-拉丁的自我文化的"自主性"：在古代，关注自己是一种个人选择，并不一定和宗教、政治或者教育机构相连系。

2　米歇尔·福柯，"个人的政治工艺"，同前，1632 页。

3　GSA，8 页。

中是一个非常独立的主题[1]，但只有在"自我的文化"中，福柯对康德和启蒙的思考才和他当时对古代哲学家的文章所作的研究，明显而有机地结合在一起。

不过，如果要思考福柯在 1983 年的演讲中密集地"回归"康德的文章，那就不能不承认：他在 1978 年所定义的批判态度和"启蒙的勇气"，他对作为古代说真话勇气的说真话（parrêsia）研究，这两者之间存在着密切的联系。再说福柯也非常清楚地意识到这一点。所以，在"治理自己与他人"最后一课中，福柯肯定《什么是启蒙？》对哲学来说就是思考"古代传统中说真话"这类问题的一种方法[2]；他于 1983 年秋在加州大学伯克利分校所作的系列演讲中，他说："在分析说真话这个概念时"，他想"勾画出可称之为我们社会中所谓批判态度的谱系"[3]。但是，如果"发现"说真话可能促使福柯在

---

1 尽管福柯在其中把现代定义为"一种态度，而不是一个历史阶段"，也就是类似于古希腊人所谓习性（êthos），同时把它界定为"一种必不可少的禁欲主义"，人们通过此禁欲主义而把自己当作一个需要"复杂而又艰难地加以制作的对象"。参见米歇尔·福柯，"什么是启蒙？"，同前，1387，1389 页。

2 GSA，322 页。

3 米歇尔·福柯，《话语和真理》，IMEC/ 米歇尔·福柯资料库，C100(2)。

1983—1984 年的演讲和文章中进一步思考康德和启蒙，这一联系并非完全是唯一的，"自我的文化"的演讲即显示了这一

26 点。在此演讲之后不久，加州大学伯克利分校法语系举行过一次讨论会，福柯当时说：他早在 1978 年就介绍过被视为批判态度前身的反牧领指导（contre-conduites pastorales），它们同样也是自我的文化在中世纪"更加自主形式的再现"[1]。

自我的文化

从结构上看，福柯在伯克利分校所作的演讲和他在法兰西学院的讲课"主体解释学"非常相近，尤其和该课很长的概要[2] 相近；不过它的结构和《关注自己》第二章有相当区别，虽然该章节有同样的标题[3]。作为开场白，在讨论了康德论述启蒙的文章之后，"自我的文化"分三个时期来介绍同一运动。

首先，福柯强调，从苏格拉底到尼撒的贵格利（Grégoire de Nysse），关注自己（epimeleia heautou）这个原则在历史上极

1　米歇尔·福柯，"法语系讨论会"，本书 173 页。

2　参见米歇尔·福柯，"主体解释学"，见 DE2，文章编号 323，1172-1184 页。

3　参见 SS，53-85 页。

其重要；他解释道：在古代，"认识你自己"这个规则和实践
总是和关注自己相连系，并从属于后者。正因为此，福柯把
希腊 - 罗马文化中的关注自己作为"自我体验的实践母体"来
研究：事实上，如果"希腊的形而上学对我们和存在的哲学关
系具有决定性意义"，如果"希腊的科学对我们和世界的理性
关系具有决定性意义"，那么按照福柯的看法，希腊 - 罗马文
化"对我们和自己的伦理关系"也具有决定性意义[1]。福柯建议
把这种自我的文化在公元前 4 世纪和公元最初两个世纪所采
取的形式作一仔细的对照。所以在伯克利分校的演讲中，"自
我的文化"这一说法不仅适用于帝国时代 (在此时代，必须"关
注自己"这个原则已经具有"相当广泛的意义"，以致于成为
一种社会实践，并促使造成了一种真正的知识[2])，同样也适
用于古典希腊时期："自我的文化并不是后来由古典城邦衰落
才引起的现象；这种现象很早就产生了，它在古代就已经有
若干形式"[3]。

27

1　参见本书"自我的文化"，88 页。

2　SS, 57-59 页；另见 HS, 173-174, 197 页。

3　参见本书"自我的文化"，89 页。

在第二阶段，福柯分析了柏拉图的《阿西比亚德篇》，视之为第一次从哲学上阐述"关注自己"的原则。福柯再次综合地提及他在"主体解释学"[1]讲课中所作的分析，他强调四点，这四点在他看来界定了四世纪的自我文化。首先，关注自己和一个年轻人的政治抱负相连系：为了能够治理城邦，他必须首先学习关注他自己。其次，关注自己和某种不够格或者有缺陷的教育相关，这种教育无法让年轻人学到他为了实现其抱负而需要的东西。第三，关注自己涉及年轻人和导师之间的性爱 - 哲学关系。最后还有第四点，在《阿西比亚德篇》中，关注自己"主要采取灵魂自我冥想的形式"[2]。

第三阶段，福柯从以上简单介绍出发描述了帝国时代"新的自我文化"的主要特征[3]。首先，和自己的关系变得常态化：关

1　参见 HS，33-46，50-58，65-76 等页。另见米歇尔·福柯，"自我的技术"，见 DE2，文章编号 363，1608-1611 页。

2　参见本书"自我的文化"，90-91 页。关于柏拉图"从本体论意义上认识作为灵魂的自我"，以及"认识自己"（gnôthi seauton）在晚期斯多葛主义那里所具有的非常不同的含义（定义了一种完全不同的"自我关系特征"），另见米歇尔·福柯，"法语系讨论会"，本书 164-168 页。

3　关于对公元最初两个世纪自我文化突出特征的描述，参见 HS，79 页下；另见 SS，57-85 页。

注自己不再是"一时为人生所作的简单准备工作，这就是一种生活的形式"[1]。其次，和自己的关系已经成为成年人的实践，并且具有前所未有的功能：批判功能（因为必须摆脱坏习惯，错误见解等）；斗争功能（因为必须给个人提供"武器和勇气，使他能够战斗一辈子"）；治疗功能（哲学被要求治愈灵魂的疾病）[2]。第三，和导师的关系丧失了性爱特征而成为一种权威关系，一种技术的、行政的、制度的关系。最后第四点，"新的"自我文化包含了一整套及其多样化的自我技术（在伯克利分校，福柯尤其集中于书写实践），非常不同于对灵魂的纯粹冥想[3]。如果也可以谈论公元前四世纪的自我文化，但此文化只是到了帝国时代才蓬勃发展起来[4]。

在现代，在当代世界，关注自己这个主题似乎"消失"了，这是怎么回事？福柯提到好几个原因：基督教的影响给关注

1　参见本书"自我的文化"，92 页。

2　参见本书"自我的文化"，93-94 页。

3　参见本书"自我的文化"，95-96 页。

4　此外，福柯还说：公元最初两个世纪自我文化的新特征同样也将成为"基督教关注自己"的特征，在某种程度上还是"我们自己的自我文化"的特征。参见本书"自我的文化"，91 页。但在法语系讨论会上，福柯却明确解释说：古代的自我体验在基督教内部发生了极其显著的变化。参见本书 156 页；另见本书"法语系讨论会"，181 页，注释 3。

自己披上了忘我的外衣；自我技术被纳入权威和规训结构，以至于自我的文化丧失了其自主性；人文科学的出现把自我的关系视为一种认识的关系；最后还有这样一个观念，即认为自我是一个被掩盖的实在，必须予以揭露或者解放[1]。而正如福柯在哲学系讨论会上所解释的那样，"自我并不是必须按照某种范式或者某种模式才发展起来，并一开始就被给予的

29 实在"：自我是"通过多种实践，多种技术等才构成的，而这些实践和技术就是伦理的特征"——自我并非实体，而是一整套自我关系的总体[2]。于是，正如福柯在"自我解释学的起源"演讲中所做的（他在其中谈到"我们自己的政治"[3]），他在"自我的文化"演讲最后说：自我不是别的什么，不过就是"我们历史上发展起来的技术的相关物"；所以问题不是解放自我，而是"如何才能设想和我们关系的新类型、新种类"[4]。换句话

---

1 参见本书"自我的文化"，98 页。

2 米歇尔·福柯，"哲学系讨论会"，本书 114-115，117 页。另见米歇尔·福柯，"法语系讨论会"，本书 177-178 页："自我实践……就是个人在他与自己的关系中如何把自己构成为主体。……人们在与自己的关系中把自己构成为主体，主体并非被给予的。"

3 参见 OHS，90-91 页。

4 参见本书"自我的文化"，98 页。

说,再现自我的历史和实践层面,这对福柯来说并不意味着"把我们所有的历史重担都压到我们肩上",而是为了让我们能够对自己进行的制作占有尽可能大的份额,而我们被告知这是无法企及的"[1]。由"自我指导"(se conduire)这个观念阐明的自省空间,它在福柯设想伦理制作的方法中之所以显得意义重大,这就是其中一大原因[2]。

这一事业既是历史 - 哲学的,也是伦理 - 政治的,而且它明确地和福柯以《什么是启蒙?》为依据的所谓"我们自己的历史本体论相连系"。在此框架内,"我们是谁?"这个问题实际上并非笛卡尔的问题,笛卡尔的问题假设了一个唯一的、普遍的、非历史的主体 ——"我是谁? 对笛卡尔来说,这个我就是所有人,不分时间和地点"[3]。相反,康德在其论述启蒙的文章中所提出的问题则是一个尚未定型的尼采式问

---

1 米歇尔·福柯,"那么思考是否重要?"(和 D. 埃里邦的谈话),见 DE2,文章编号 296,1001 页。

2 参见 UP,34-35 页。

3 米歇尔·福柯,"主体和权力",同前,1050 页。

30 题[1]：重要的是在于自问我们今天是谁，"在这个确切的历史时刻"，还在于考虑我们的"自我"形式的偶然性方面，同时由此（从理论和实践上）打开"拒绝我们所是之人"的可能性[2]，并创造和我们自己的前所未有的关系形式。在其1984年发表于美国的文章最后，福柯以相似方式说：必须把"我们自己的批判本体论"看作是"一种态度，一种习性，一种哲学生活，而对我们所是之人的批判在此既是历史地分析对我们提出的限制，也是可能超越它们的考验"[3]。如果说福柯对希腊 - 罗马的自我文化感兴趣，把它视为一种生存的美学，事实上这不是为了建议我们回归古代伦理，让它"取代"现代的道德模式，而是因为他相信此文化能够给我们指出建立一种"新伦理"的可能性，而借助于和"伦理想象力"相连系的历史分析工作，这种新伦理就能越过（court-circuite）对宗教、法律、科学的三

1　参见米歇尔·福柯，"米歇尔·福柯和吉尔·德勒兹要还尼采的真面目"，见 DE1，文章编号 41，579 页："尼采的出现构成了西方思想史上的一大停顿（césure）。哲学的话语模式因为他而发生了变化。在他之前，哲学话语是一个匿名的我。譬如《形而上学的沉思》就具有某种主观特征。不过，读者可以取代笛卡尔，但却不可能代替尼采说'我'。"

2　米歇尔·福柯，"主体和权力"，同前，1051 页。

3　米歇尔·福柯，"什么是启蒙？"同前，1396 页。

大参照，这些参照现在已经衰弱了[1]。

达妮埃莱·罗伦兹尼
阿诺德·I. 戴维森

1　米歇尔·福柯，"历史系讨论会"，本书 143 页。相似的思考，另见米歇尔·福柯，"和米歇尔·福柯的讨论"，IMEC/ 米歇尔·福柯资料库，D250(5),5-6 页。

什么是批判？自我的文化
福柯的两次演讲及问答录

Qu'est-ce que la critique?

Suivi de

La culture de soi

什么是批判?

米歇尔·福柯于1978年5月27日在法国哲学学会所作演讲

亨利·戈蒂埃（Henri Gouhier）：女士们，先生们，我想首先对米歇尔·福柯表示感谢，他愿意在非常繁忙的一年中抽出时间来作这次演讲，而且他刚从日本长途旅行回来，我不说回来第二天吧，那么第三天我们就能在此和他对话[1]。这就是为什么本次会议的通知书非常简洁；不过米歇尔·福柯的回应却是出乎意料，我们可以说这是一大惊喜，好了，我还是立刻请福柯演讲。

米歇尔·福柯：我非常感谢您的邀请，让我参加这次聚会，而且是面对学会的成员。我想那是在十多年前，我曾经在此作过一次报告，主题是"什么是作者？"[2]。

关于我今天想谈的问题，我还没有给它一个题目。戈蒂埃想宽宏大量地告诉你们，这是因为我在日本的逗留。说真的，这样就善意地缓和了真相。然而实际上，直到最后这几天，我还是没有找到题目；或者说有一个题目一直困扰着我，但我却不愿意选择它。你们会看到为什么：因为这不恰当。

34　　　　事实上，我今天想谈的问题，也是我一直想对你们谈的，那就是"什么是批判？"。应该尝试谈论一下这一计划，此计划在哲学的边缘不断形成、延续、再现，它就在哲学旁边，就针对着哲学，并以其代价迈向某种未来的哲学，也许去取代所有可能的哲学。在我看来，在现代西方（从经验角度说，大致上从15—16世纪开始），在康德的高尚事业和那些打着批判旗号的卑微职业论战活动（activités polémico-professionnelles）之间，存在着某种思维、说话、做事方式，还有某种和存在的关系，和人们所知之事和所做之事的关系，和社会、文化以及和他人的关系，我们可以称之为批判态度。当然，说存在着某种东西叫做批判态度，而且它是现代文明所特有的，听到这样的说法，你们会感到惊讶，然而事实上却存在着那么多的批判、论战等，就算是康德的问题，其起源无疑也远比15—16世纪要早。你们也会惊讶地看到我试图为此批判寻找统一性，然而它似乎在性质上，在功能上，我还说在职业上注定是分散的，是相互关联的，属于纯粹的他律。总而言之，批判只能存在于和它自身以外的其他事物的关系之中：对于某个未来或者真理来说，批判就是工具和手段，批判不会知道，也不会就是这个未来或者真理；批判就是对某一领域的关注，它很想在此领域维持治安，但却无法在此发号施令。所有这一切都使它成为一种功能，而此功能相关地隶属于由哲学、科学、政治、道德、法律、文学等实际上所构成的东西。同时，不管批判这种奇怪的活动伴随着什么样的快活或者补偿，它似乎经常，几乎总是不仅带有某种功利的刻板（raideur）^a，它也仰仗这一点，而且它似乎还由一种更为普遍的命令所支持，这种命令甚至比排斥谬误更加普遍。在批判中有某种东西类似于德性。在某种意义上，我

a　手稿中不是"刻板"，而是"价值"。

35 　　想讨论的，就是作为一般德性的批判态度[a]。

　　有很多方法来研究这一批判态度的历史。我只想给你们提一个方法，这是很多方法中一个可能的方法。我建议如下选项：基督教牧领制或者基督教会，鉴于它发展出了一种恰恰是，而且专门是牧领的活动，它就发展了这样一个观念——我想此观念是独特的，和古代文化完全没有关系——那就是每个人都应该被治理，都应该让自己被治理，不管他的年龄和地位，从小到老终其一生，直至其行为的细节，也

---

a　手稿：在西方，我想在康德的高尚事业和卑微的职业论战活动之间存在着某种思维、说话、做事的方式，可以称之为"批判方法"。它从来不是自主的（在定义上也从来不可能是自主的），它总是行使于某一领域或者相对于某一领域，如哲学、科学、法律、经济、政治；它是分散的，但由于关系、联系、转移的游戏，这使它能够把这些活动相互联系起来；它也是相当独特的，虽然分散，倒也不难从中辨认出某种风格以及某些共同的程序。

　　在批判当中，没有任何人是拥有者，也没有任何人是理论家。并不存在普遍的、极端的批判家。自在的、纯粹的批判家并不存在。然而在西方，所有的思考、分析和认知活动都包含着可能的批判层面。这个层面被认为是必然的、合乎希望的，不管怎么说也是有用的；它使人感到不满足，又不能安于自身，正因为这样，它会引起怀疑，确切地说，引起批判。

　　批判受人喜爱，也不被人喜爱，嘲笑也被嘲笑；它的攻击不断受到打击，正由于它攻击，由于它一味攻击，因为它的存在规律，就是它自身受到打击。

　　焦急被焦急地忍受着。西方生存和思维方式中的这种焦急是怎么回事？它是重要的，又是脆弱的，它是飘忽不定的，又是持续不断的。

　　这项义务总是名誉扫地的吗？

就是让某个人来指导他，以便让他获得拯救，并且有一种总体的关系，同时也是仔细、详尽、服从的关系把他和指导者相连系 [3]。这一为了拯救，并处于服从某人关系中的指导行为，其运行应该涉及和真理的三重关系：作为教条的真理；这种指导包含某种个别地、个体化地认识个人的模式，在此范围内它也涉及真理；最后它在如下意义上涉及真理：这种指导显示为一种深思熟虑的技术，包括一般的规则、特殊的知识、格言，还有检查、招供、谈话方法等 [4]。不管怎么说，不能忘记希腊教会中流行长达数世纪的所谓"生产技艺"（technê technôn），以及罗马拉丁教会中所谓艺术中的艺术（ars artium），这些正是修行的指导（direction de conscience）；这些也是治理人的艺术 [5]。当然，这种治理艺术在很长时间里最终只和某些相对有限的实践相连系，即使在中世纪社会也只和修道院的实践相连系，可以说它主要在那些相对有限的宗教团体中流行 [a]。但我认为自 15 世纪起，自宗教改革之前开始，治理人的艺术可以说真正地迅猛发展起来，迅猛发展有两个含义。首先有相对于宗教范围的移位，如果你们愿意，

36

---

a 手稿：相对于人文科学，它在重要性、复杂性和自主性方面现在的确已经丧失了很多。

也可以说是世俗化，治理人这个主题及其方法在市民社会中发展起来。其次，这种治理艺术的影响力在不同领域内扩大：如何治理儿童，如何治理穷人和乞丐，如何治理一个家庭，一个家族，如何治理军队，如何治理不同的团体、城邦、国家，如何治理自己的身体，如何治理自己的精神？"如何治理？"我想这就是在15世纪或者16世纪出现的一大基本问题。为了回应这一基本问题，各种治理艺术纷纷出现——教育艺术、政治艺术、经济艺术，如果你们愿意的话——各种治理机构也纷纷出现，这里的"治理"是就该词在当时的广义上说的[6]。

　　依我看，这一治理化就是16世纪西欧社会的一大特征，但我感到它和"如何不被治理？"这个问题不可分割。我并不[a]想由此说，相反的说法，即"我们不愿被治理，我们完全不愿被治理"，面对面地与治理化针锋相对。我是想说，在围绕治理方法而产生的巨大担忧中，在寻找治理方法当中，可以发现一个永恒的问题："如何不愿被这样治理，不是由这些人，不是以这样一些原则之名，不是为了达到这样一些目

---

a　手稿中划有下划线。

的，也不是通过这样的手段，即不是这样，不是为了这个，也不是由他们？"；这种针对个人，并同时针对社会的治理化运动，如果还原其在历史上的出现及其所具有的规模，似乎可以把所谓批判态度也纳入其中。面对治理艺术，作为其对立面，或者既作为其伙伴，又作为其对手，作为怀疑、拒绝、限制这些治理艺术的方法，为治理艺术找到合适的尺度，改造它们，并试图摆脱它们，不管怎么说，试图把它们移位，在根本上有所保留，由此也作为发展治理艺术的路线，当时在欧洲产生了某种一般的文化形态，既是道德的，也是政治的态度，还是思维模式等，……我简单地称之为不被治理的艺术，或者不被这样治理，不以如此代价被治理的艺术。因此，我提出这个一般的特征来作为批判的第一个定义：不被过度治理的艺术。

你们也许会说，这个定义太宽泛了，也太模糊了。当然是这样！不过，我还是认为这个定义能够使人标出我试图叫做批判态度的某些确切据点。当然，可以这样来确定历史上的据点[a]：

---

a　手稿：批判有一个谱系。

1) 第一个据点：当治理人主要是一门宗教艺术，或者是主要和教会权威以及《圣经》教导权相连系的宗教实践，在这样的时代，不愿被这样治理，主要在于寻找另外一种和《圣经》的关系，而不是那种和上帝教诲[a]功能相连系的关系。不愿被治理，在那时候就是拒绝、否认、限制（随便你们怎么说）教会的教导权，就是回归《圣经》，就是《圣经》中真实事情的问题，就是《圣经》中实际所写之事的问题，还有如下问题："《圣经》说了什么样的真理？如何通过《圣经》，也许是不顾其文字而进入《圣经》的真理？"直至最后提出一个非常简单的问题："《圣经》是真实的吗？"总之，从威克里夫（Wycliffe）到皮埃尔·贝勒（Pierre Bayle），批判即相对于《圣经》发展起来，我认为这是主要的部分，当然并非唯一的部分。从历史上看，可以说批判关系到《圣经》[7]。

2) 不愿被治理，这是第二个据点，不愿被这样治理，就是不愿再接受这些法律，因为它们是不公正的，因为它们由来已久，或者由于今日君主赋予它们某种或多或少咄咄逼人的色彩，它们掩盖了某种本质上的不合法性。由此观点来看，

---

a 手稿中不是"上帝教诲"，而是"宗教机构"。

批判就是以普遍的、不失效的权利来面对治理，来对抗治理
所要求的服从；而任何治理，不管是君主的、行政官员的、
教育者的、一家之父的治理，都必须遵守这些权利。总之，
如果你们愿意的话，可以再次发现自然权利的问题[a]。自然权
利当然不是文艺复兴的发明，但它自 16 世纪起就具有批判
功能，直至今天。对于"如何不被治理？"这个问题，它回
答说："什么是治理权的限制？"可以说，批判在这里主要是
从法律意义上说的。

　3）最后，"不愿被治理"，当然就是不认为某个权威所说
之事是真实的，这里我就讲得快些，或者至少不会因为某个
权威说这是真的就认为它是真的，只有当你自己觉得认它为
真的理由能够成立时才认为它是真的。这里，批判的据点就
在面对权威时的确信问题之中。

　《圣经》、法律、科学；《圣经》、自然、和自己的关系；
教导权、法规、独断论的权威。可以看到，治理化和批判如
何相辅相成，其游戏如何导致一些现象，我认为这些现象在
西方文化史上至关重要，不论事关文献科学，还是事关思维

39

---

a　手稿：从本源上说，批判与自然相关。

的发展、法律的分析、方法论的思考。不过尤其可以看到，批判之家主要就是一个关系网，此关系网把权力、真理、主体这三项中的一项和另外一项相连系，或者把其中一项和另外两项相连系 [8]。如果说治理化就是这样一种运动，关键在于通过此运动在社会实践的现实中使个人臣服，方法是经由仰仗某一真理的权力机制，那么我可以说，批判就是这样一种运动，主体由此赋予自己权利，质疑真理的权力效应，质疑权力的真理话语；批判就是自愿不臣服（inservitude volontaire）的艺术，就是深思熟虑不顺从的艺术。批判的主要作用，简单地说，就是在可称之为真理政治的游戏中去臣服 [9]。[a]

a 手稿：如果我只是快速勾画了"批判方法"的谱系，如果我把它和治理化的巨大过程相对比，这当然是为了把它重新置于比独一无二的康德时期更为广泛的历史之中，并把它变成完全不同的东西，而不是某个独特哲学思想的遗产。不过这也是为了把批判方法和宗教生活中的那些因素重新联系起来，那些因素在我看来一开始就深深影响了它：

——批判作为对治理术（其一般的或特殊的形式），对其原则、方法和结果的怀（疑），它提出了所有人，以及每个人的拯救问题：拯救，永恒的至福或者仅仅是幸福。

——批判作为对权力和真理结合效应的中止，由本人即为批判主体（我是说被臣服的一方）之人进行，这种批判对于进行批判之人来说意味着一个决定。此决定相对于批判行动来说并非一个画外音，并非对职业或者领域的某种选择，选择的随意性外在于被选择之事，而此决定却是一个永久的、决定性的意志，即使它有机会达成目标。这是一种完整意义上的体验，不管它是否以第一人称说话，不管它是否遵循推理的方法或者经验的探索，这些当然很重要，但却并不取消，也不损害或者亦不降低作为个人决定性态度的批判者意愿。

这个定义，尽管相对于它所跨越的空间来说，它具有经验的、大致的，并且美妙般遥远的特征，我斗胆地认为它和康德给出的定义并无多大区别：当然不是对批判的定义，而恰恰是对别的东西的定义。总之，和康德对启蒙所下的定义并不太远。实际上，在其1784年论述启蒙的文章中[10]，突出的一点就是康德以不成熟状态来定义启蒙，而人类就被维持，被专制地维持在此状态之中。其次，他给不成熟所下的定义，他以某种人类被置于其中的无能状态来作为不成熟的特征，即如果恰恰没有他人的指导，人类就无法使用自己的知性，康德使用的是"指导"(leiten)一词，该词在历史上具有非常明确的宗教含义。第三，我想富有突出意味的一点，就是康德用下述两个方面的相关联系来界定无能，即权威在行使，

40

　　—批判扎根于基督教的宗教历史之中，这就说明，批判态度并不满足于一般地揭示或者拒绝，它并不对想象中的幕后观众说话，它对人说话：它对所有人，对每个人说话；它试图构成某种一般的共识，或者无论如何构成一个学者或有见识者团体。它要说的事情，它只说一遍是不够的。它试图让人听到自己，试图找到盟友，试图让人认同自己的说法，试图拥有支持者。它一边工作，一边战斗，或者它的工作和战斗不可分割，战斗针对两类事情：首先针对权威、传统或者权力的滥用；其次针对权威的帮手，包括惰性、盲从、幻想、懦弱。总之，反对滥用，唤起觉醒。

　　简单地说：批判就是这样的态度，它质疑治理人，治理人意味着真理和权力的联合效应，这种质疑以战斗形态出现，它从个人的决定出发，目的是拯救全体。

并使人类处于此不成熟状态之中，权威的这种滥用是一个方面，另一方面则是他所谓缺乏决心和勇气[11]。所以，对启蒙的这一定义绝不仅仅是一种历史上的思辨定义；在启蒙的这个定义中，有某种东西可以称之为说教，这样说也许有些可笑，但不管怎么说，他在对启蒙的描述中的确就是在呼吁要有勇气。不要忘记这是发表在报纸上的一篇文章。有必要对18世纪末以来哲学和新闻的关系作一研究……除非已经研究过了，但我不能肯定……从什么时候起，哲学家开始介入报纸，去说出某种对他们来说在哲学上有意义的事情，此事介入和公众的关系，并带有呼吁的效应，看到这一点是非常有意义的[12]。最后，康德论述启蒙的文章还有一大特征，就是列举出把人维持在不成熟状态中的例子，由此他给出了例子，确切地说，就是宗教、法律和认识，即启蒙应该在这些方面取消不成熟状态，使人走向成熟[13]。

康德所描述的启蒙，正是我刚才试图描述的批判，以及这一批判态度，可以看到此态度在西方表现为一种特殊的态度，我想它在历史上是随着社会治理化的庞大过程开始的。相对于这一启蒙（你们都清楚地知道它的座右铭，康德也重复了这一点，那就是"要敢于知道"，还有另外一个声音，那是弗雷德里克二世的声音同时在说："他们怎么想都可以，只要他们服从"[14])，不管怎么说，相对于这一启蒙，康德将如何定义批判？或者无论如何，因为我可不想重复康德那种严格哲学意义上的批判计划，我也不会在哲学家听众面前这样做，我不是哲学家，几乎不是批判家，那么相对于这一启蒙，应该如何给狭义的批判定位？如果康德实际上把先于"启蒙"的整个运动叫做批判，那么他将如何给他所谓的批判定位？要我说的话，这些完全都是些幼稚的东西，即相对于启蒙，批判在康德眼里会对认知说：你知道你能够认识到什么程度？只要你愿意，你尽管去思考，但是你是否清楚地知道你能够思考到什么程度而没有危险？总之，批判会告知说，并不是在我们或多或少勇敢地所作之事当中，而是在我们对自己的认识及其限制所具有的观念当中才涉及我们的自由，因而，不用让别人说"服从命令"，只有当人们对自己的认识有一个正确的观念，只有在这个时候才能发现自主原则，也就不用再听到"服从命令"；更确切地说，只有在这个时候，"服从命令"才会建立在自主性本身之上。

　　我并不想指出康德的启蒙分析和批判计划之间的对立。我想，对康德本人来说，由启蒙所要求的这种真正的"认知勇气"[a]，这一同样的认知勇气就在于承认认识的局限，要指出这一点是容易的；对康德来说，自主性远不是和服从君主相对立的，要指出这一点也是容易的。尽管如此，在其相对于权力和真理游戏而言的去臣服事业中，康德还是把对认识的认识指定为批判的首要任务，指定为现在和未来所有启蒙的前言[b]。

43　　康德想表明启蒙和批判之间存在着某种差异，我不想过于强调这种差异的含义。我只想强调由19世纪历史向我们显示的这个问题的历史特点。可以说康德将批判事业与启蒙拉开距离，而19世纪的历史给继续这一批判事业提供了更多机会，而不是给某种类似于启蒙本身的东西。换句话说，19世纪的历史——20世纪的历史当然更是如此——似乎可

---

a　手稿中加引号。

b　手稿：理性的自大，理性无法安分于自身的局限，而且天真地忘记其本来的局限性，不管怎么说，他把这些都变成了独断论 - 专制主义的根源：以致于他把这一裂缝引进批判态度，这一区分使人可以不被治理（或者至少给被治理者划定范围），可能也是这一点在我们自身"治理我们"，而我们却不知道，使我们陷入专制主义的律令。如果我们被治理却不知道？如果被我们用来和治理我们的东西作斗争的，却又使我们遭受某种无穷的治理化——以理性之名进行的治理化？

　　由此就有批判相对于启蒙，或者如果人们愿意的话，就有第二种批判态度相对于第一种批判态度的拉开距离运动：启蒙的天真，对它的未反思意识正以所有理性主体的自然权利之名，准备扩大，并强化专制主义 - 独断论的所有效应。

能，即使不认为康德有理，至少给这一新的批判态度提供了某种具体的据点，此批判态度从启蒙后退（en retrait），而康德则开启了其可能性。

并不是启蒙的勇气，而是康德的批判似乎获得了这一历史据点，简单地说，那就是三大基本特征：首先是实证科学，它基本上信任自己，虽然它又对其每一个结果持严谨的批判态度。其次是国家或者国家制度的发展，国家自认为代表了理性，或者代表了历史的深刻合理性 [a]，此外它还选择了经济和社会理性化程序作为工具。由此就有第三个特征，得之于科学实证主义和国家发展这两者的结合：一种国家的科学，或者如果你们愿意的话，一种国家主义。它们之间形成了非常紧密的联系，因为科学在生产力发展中的作用将越来越重要；另外，国家型的权力将通过越来越精致的技术整体来行使。因此，鉴于"什么是启蒙？"这个 1784 年的问题，或者说康德如何相对于这个问题，相对于他所给予的回答，他试图为他的批判事业定位，这种对启蒙和批判之间关系的追问将理所当然地带有不信任色彩，或者无论如何带有一种越发

44

---

a　手稿：它使民族具体化，给民族提供了自主性。

怀疑的质疑：治理化越是以理性为基础，理性就越加不能回避，这种理性本身要为历史上什么样的权力滥用，什么样的治理化负责？

不过我想，这个问题的演变在德国和法国并非完全一样，其中有历史原因，必须加以分析，因为原因是复杂的[15]。

可以大致上这样说：怀疑理性化，甚至怀疑理性本身当中即有什么东西会导致权力的滥用，依我看，这种怀疑尤其是在德国获得发展，可以说得更确切些，它主要在人们所谓德国左派当中获得发展，这种怀疑可能并非由于一个全新的美好理性国家在德国的最新发展，而是因为大学和科学（Wissenschaft）很早就隶属于国家行政机构。不管怎么说，从黑格尔左派到法兰克福学派，有着一系列批判针对实证主义、客观主义、理性化、技艺（technê）和技术化，有着一系列批判针对科学和技术的基本计划关系，旨在揭示科学的天真自大和现代社会特有的统治形式之间的联系。可以举胡塞尔为例，这个例子无疑远离人们所谓的左派批判，不应该忘记他在 1936 年就把欧洲人的现代危机和某种东西相连系，其中的问题涉及认识和技术，认识体系和技艺的关系[16]。

在法国，研究哲学和进行政治思考的条件完全不同，由于这个原因，对自大的理性及其特殊的权力效应的批判似乎并未以同样方式进行 ª。我想，在 19 和 20 世纪的某些右派思想中可以发现这种对理性或者理性化的历史谴责，理由是鉴于理性所包含的权力效应。无论如何，由启蒙运动和法国大革命所构成的联盟一般来说可能阻碍人们去真正地，并深刻地质疑理性化和权力之间的关系。也许宗教改革，我想这是作为不被治理的艺术的首次批判运动，它有着非常深刻的根源，宗教改革在法国并未获得它在德国那样的规模和成功，由于这个原因，启蒙这个概念，包括由此概念提出的所有问题，它在法国并未获得它在德国那样广泛的含义，也从未拥有它在德国那样具有长远意义的历史参照。在法国，可以说人们满足于在政治上抬高 18 世纪的哲学家，同时却贬低启蒙思想，视之为哲学史上微不足道的章节。在德国则相反，启蒙所意味的或者被视为好的，或者被视为坏的，这都没有关系，但肯定被认为是重要的章节，被视为西方理性终极目标的显著表现。在启蒙中，在整个启蒙阶段，总之从 16 到 18 世纪，此阶段被当作启蒙这个概念的参照，人们试图发现

45

a 手稿：除了若干孤立或者边缘化的思想家。

并认出西方理性最突出的斜线，与之相联系的政治就成了怀疑的审查对象。这大致上就是不同情况，如果你们愿意的话，这种不同决定了启蒙问题在 19 世纪和 20 世纪上半叶如何在法国和德国被提出。

不过，我想法国的情况在最近几年有所改变；事实上，启蒙这个问题（它对德国思想来说极其重要，从门德尔松、康德开始，又经过黑格尔、尼采、胡塞尔、法兰克福学派等），依我看，现在法国已经进入这样一个时代，即可以重提启蒙问题，而且可以说富有意味地和法兰克福学派的研究相当接近。可以简略地说——这也并不令人惊讶——启蒙这个问题又回到我们这里，它是从现象学以及由现象学提出的问题回来的。它实际上是从意义问题，从可能构成意义之物的问题回来的。从无意义出发怎么会产生意义？意义是如何产生的？可以清楚地看到这一问题是对另一问题的补充：庞大的理性化运动怎么会把我们带入这么大的反响，这么多的狂热，这么多的沉默和沉闷机制？总之，不应该忘记《恶心》[17] 和同时代的《危机》只有几个月之差。在战后，就是通过分析这样一点，即意义只能经由能指机器那种具有强制特征的体系而构成，依我看，正是通过这样的分析，即意义只能通过结构特有的强制效应才会产生，计算（ratio）和权力之间的问题才经由这一奇怪的捷径再次出现。我还想（也许这又是一个有待研究的课题），对科学史的分析，所有对科学史的问题化（这种问题化无疑也扎根于现象学之中，它在法国经由卡瓦耶斯、巴什拉、乔治·康吉莱姆而经历了另外一段历史），我感到科学历史性这个历史问题，它和意义的构成问题有着某种关系和相似性，在某种意义上与之呼应：从某种完全是另外的东西出发，怎么会产生，怎么会形成这种合理性？这就是启蒙问题的对应物和反面：理性化如何导致权力的狂热？

不过在我看来，无论这些对意义构成的研究（它们是随着如下发现才有的，即意义只能通过能指 [signifiant] 的强制结构才构成），还是这些对科学合理性历史所作的分析，包括与其制度化以及模式构成相连系的强制效应，所有这一切，所有这些历史的研究在我看来，不过犹如狭窄的光线透过狭窄的学术之窗，印证了一个世纪以来我们历史的基本运动。因为，由于我们不断听到有人高唱，说我们的社会和经济组织缺乏合理性，结果我们面对着我不知是太多还是太少的理性，不管怎么说，我们肯定面对着太多的权力；由于不断地听到我们高唱大革命的许愿，我不知道大革命在其发生地是

47

好还是坏，但结果我们都面对着某种权力的惰性，而此权力无限地延续着；由于不断地听到我们高唱暴力意识形态和社会的、无产阶级的、历史的真正科学理论之间的对立，结果我们面对着两种权力形式，它们就像一对孪生兄弟：法西斯主义和斯大林主义。再回到"什么是启蒙？"这个问题。于是，由马克斯·韦伯的分析所提出的一系列问题再次激活了：这种理性化，人们认为它不仅界定了 16 世纪以来的西方思想和科学，还界定了社会关系、国家组织、经济实践，也许直至个人的行为，那么这种理性化到底是怎么回事？这种理性化及其强制效应，也许是愚化效应，它大规模地，不断地建立一个庞大的科学和技术体系，却从未受到彻底的质疑，这种理性化又是怎么回事？

在法国，我们必须承担起这个问题，即"什么是启蒙？"这个问题，可以从不同的途径来着手。而我所选择的途径，我绝对不会带着论战或者批判的精神来描述它——请你们相信我。我讨厌论战 [18]，至于批判，我也并不擅长。有两个理由使我并不想追求任何别的什么，我只想标出差异，可以说我只想看到，增加差异，扩大它们，去掉它们相互之间的标记，这样做可以走多远，我只想，如果你们愿意的话，拆开启蒙这个问题的分析形式，这说到底也许是现代哲学的问题。

在接触这个问题时，这会使我们接近法兰克福学派[19]，我想立即说明，不管怎么说，把启蒙作为中心问题，这肯定意味着不少事情。这首先就是说，我们介入了某种人们叫作历史-哲学的实践，它和历史哲学以及哲学历史没有关系，一种历史-哲学实践，我想由此说，这一哲学工作所参照的经验领域并不绝对排斥任何其他领域。这不是内在经验，不是科学认识的基本结构，但也不是在别处制作，并由历史学家们准备，并被完全接受为事实的历史内容整体[20]。在这种历史-哲学实践中，其实问题在于创造它自己的历史，在于虚构地[21]制造<u>ª</u>历史，连接真实话语的合理性结构，以及与这些结构相连系的使人臣服机制，这两者的关系问题贯穿了这一历史，可以清楚地看到，这个问题把历史学家们通常熟悉的历史对象移向主体和真理的问题，而历史学家们并不研究此问题。还可以看到，这个问题把哲学研究、哲学思想和哲学分析正好投入到由它勾画的经验内容之中。如果你们愿意的话，历史学家面对这种历史或哲学研究会说："是的，是的，

---

a 手稿中划有下划线。

当然，也许"；无论如何，我刚才提到向主体和真理的移动，由此而来的干扰绝不会完全就是这样。至于哲学家们，虽然他们未必都会显得像虚荣的女人受到了冒犯，他们一般会想："哲学，不管怎么说，它完全是另外的东西"，这是由于堕落的结果，由于回归至某种经验性，而此经验性甚至没有内在体验来确保自己。

不妨赋予这些旁边的声音以它们具有的所有重要性，这种重要性是巨大的。这些声音至少从反面表明我们走在正确的道路之上，也就是说，通过我们制作并与之相联系的历史内容，因为这些内容是真实的，或者它们有真实的价值，我们就可以提问：我属于人类，也许属于人类中此时此刻的极小部分，他臣服于一般真理和特殊真理的权威，这个我是谁？借助于历史内容来去掉哲学问题的主体（désubjectiver），通过质疑权力效应来解放历史内容，而真理（权力效应被认为隶属于此真理）就涉及权力效应，如果你们愿意的话，这就是历史-哲学实践的第一个特征[a]。其次，这种历史-哲学的实践当然和某个经验上可以确定的时代有着优先关系：虽然这

---

a　手稿：这样说吧：没有固定点，没有必然的（真理），没有最终的结果——一种只有运动的运动。

个时代比较模糊，也必然模糊，它当然被认定为现代人形成的时候，就是启蒙时代，从广义上说，就是康德和韦伯等人参照的时代，没有固定日期的时代[a]，可由多种途径进入，因为可以把它界定为资本主义的形成，资产阶级社会的构成，国家制度的建立，现代科学的建立及其技术的所有相应方面，还有被治理艺术和不被过度治理艺术这两者对峙的形成[22]。历史 - 哲学研究和这个时代具有事实上的优先关系，因为正是在这个时期，就在明显变化的活生生表面出现了权力、真理和主体的关系，必须分析这些关系[23]。优先关系还在如下意义上，即在于由此为一系列其他可能领域的进程构成一个发源地。如果你们愿意的话，可以说并非因为我们优先考虑18 世纪，并非因为我们对它感兴趣，所以才遇到了启蒙的问题；我想说的是，因为我们想从根本上提出"什么是启蒙"这个问题，所以我们遇到了我们的现代性历史模式[b]。问题不在于说，公元 5 世纪的希腊人差不多就像 18 世纪的哲学家，或者 12 世纪已经是某种文艺复兴时期，而在于试图看到：在

50

---

a　手稿：不是"没有固定日期的时代"，而是"日期灵活的时代"。

b　手稿：不是"模式"，而是"门槛"。

什么条件下，以什么样的改动或者什么样的一般化为代价才可以把启蒙这个问题，也就是把权力、真理和主体的关系用于历史上的任何一个时刻。

这就是我所谓历史－哲学研究的一般框架。如何进行这一研究？

我刚才说过，我想在至今看来理所当然已被开辟的路径之外，来简略地勾画其他可能的路径。这完全不是指责这些路径没有出路，也不是指责它们没有给出任何有效的结论。我只是想说明这样一点，只想提出这样一点：依我看，自康德以来，也由于他的缘故，好像由于康德在启蒙和批判之间引进的这一差异，启蒙这个问题主要从认识方面提出，就是在现代科学构成的时候从认识的历史命运出发；也就是在此命运中寻找是什么标志着无穷的权力效应，而此命运经由客观主义、实证主义、技术主义等必然和权力效应相连系，并把这种认识和所有可能认识的构成及合法性条件相连系，最后就是在历史中寻找偏离合法性是如何发生的(幻想、错误、遗忘、恢复等)。一句话，在我看来，这就是分析方法，它由康德在批判和启蒙之间引进的差异而开启。依我看，由此就可以有一种分析方法，实际上它也是最常用的方法，可以把它称为对认识的历史模式合法性进行调查。不管怎么说，这是某些 18 世纪哲学家所理解的方法，也是狄尔泰（Dilthey）和哈贝马斯理解的方法。更简单地说：认识对自己本身有什么样的错误观念，它面临什么样的滥用，它由此和什么样的统治相连系？[a]

除了这种方法，即对认识的历史模式合法性进行调查，也许可以考虑另外一种方法。此方法不是通过认识问题，而是通过权力问题来进入启蒙问题；它提出的不是一种对合法性的调查，而是我所谓的事件化（événementialisation）检验[24]。请你们原谅这个可怕的词！那么，这个词是什么意思？尽管历史学家们会恐怖地大叫起来，我所谓的事件化方法，意思是这样的：首先以因素的整体为对象，可以完全以经验和暂时的方法标出其中强制机制和认识内容之间的连接。强制的机制各种各样，也许是司法领域、管制条例、物质配置、权威现象等；至于认识内容，同样也从它们的多样性和异质性来考虑，并根据它们所具有的权力效应来加以把

---

a 手稿：这正是对康德问题的使用。

51

握，既然它们作为认识体系的一部分而被视为有效。于是，问题并不在于知道什么是真的或是假的，什么有根据或没有根据，什么是真实的或是虚幻的，什么是科学的或是意识形态的，什么是合法的或是不正当的。问题在于知道在强制机制和认识材料之间可以找到哪些联系，有哪些连接，发展出了哪些相互参照和相互支撑的游戏，以致某一认识因素在某个同样的体系中被用于某个真实的，或者可能的、不确定的或错误的材料之上而发挥权力效应，以致某一强制手段获得了某种理性的、精心计算的、技术上有效的因素所特有的形式、证明等。

所以，在此初级层次不要区分合法性，也不要指定错误和幻觉之点[a]。正因为这个原因，依我看，可以在此层次上使用两个词，它们的作用不是指称实体，潜能或者类似超验的东西，其作用仅仅是相对于它们所参照的领域而进行系统的价值还原，可以说是一种对合法性效应的中性化，并说明是什么使它们在某个时候能够被接受，并且事实上被接受。首先是使用知识这个词，它参照某个时候和某个确切领域内可

---

a 手稿：过分或者滥用的极限。

被接受的所有认识程序和效应；其次是使用权力这个词，它仅仅包括一系列个别的、可确定的、被限定的机制，它们似乎能够导致行为或者话语。可以立即注意到，这两个词的作用仅仅是方法论的：不在于通过它们去发现现实的一般原则，而可以说在于确定分析的层面，以及合适于分析的材料种类。这样做的目的在于避免一开始就牵涉到合法化方面，如认识[25]或者统治[26]两个词那样。还应该在分析的任何时候都能够给它们一个确定和明确的内容，如某一知识材料，某一权力机制；决不能认为存在着一种(un)知识或者一种(un)权力，更不能认为存在着自身就起作用的知识或者权力*。知识，权力，这只是一种分析表格。可以看到，这一表格并非由互不相干的两类材料所构成，即一方面是知识，另一方面是权力 —— 我刚才所说的使它们互不相关——因为没有任何什么可以表现为知识材料，如果它一方面不符合，譬如说不符合某一类科学话语在某一时代的一整套规则和特殊约束，如果它另一方面不具有强制的或只是挑动的效应，这些效应是那些被认为具有科学，或仅仅具有理性价值，或者只是通常被接受的

---

* 福柯在知识和权力前用定冠词 le，表示总体概念，或表示特指的、唯一的，和不定冠词 un 相对。——译者注

东西所特有的。反过来，没有任何什么能够作为权力机制而起作用，如果它的展开不按照在或多或少一致的知识体系中被视为有效的程序、工具、方法和目的[27]。所以，关键并不在于描述什么是知识，什么是权力，一方如何压制另一方，或者另一方如何滥用一方，而在于描述知识-权力的连接网，此连接网可使人把握是什么构成了某一体系的可接受性，不管是精神病体系，还是刑罚和轻罪体系，或者是性的体系等。

总之，依我看，从我们在经验上可观察到的一个整体出发，到此整体在某个时代可被直接观察而被历史地接受，途径似乎是通过分析知识-权力的连接网，此连接网支撑了整体，并从整体被接受这一事实出发重新把握它，目的在于把握是什么使整体被接受，当然不是一般地被接受，而仅仅是在整体被接受的地方：可以把这界定为在整体的实证性中重新把握它[28]。这样就有了一种方法，此方法不考虑合法性，也排斥基本的法律观点，它从接受事实，到接受性体系（从知识-权力游戏出发来分析此体系），贯穿了实证性的循环。可以说，这差不多就是考古学的层次[29]。

第二，可以立即看到一点，即从这一类分析出发会面临若干危险，这些危险不能不表现为这种分析的否定的、代价昂贵的后果。

这些实证性就是那些并非理所当然的整体，这是在如下意义上说的，即不管习惯或者使用让这些实证性对我们显得多么熟悉，不管这些实证性动用了什么权力机制的盲目力量，或者不管这些实证性设计了什么样的理由，它们都不会因为某项初始权利而被接受；为了很好地把握是什么使它们被接受而必须加以说明的，恰恰就是这并非理所当然，这并不包含在任何先验之中，也绝不包含在任何先前之中。弄清楚一个体系可接受性的条件，追踪标志着体系出现的中断路线，这是两个相关的操作。疯癫和精神病在精神病学的机构和科学体系中相互重叠，这完全不是理所当然的；惩罚方式、监禁、监狱规训在司法体系中相互连接，这也并不是自发的；个人的 54 欲望、淫欲、性行为应该在一个被称为性的知识和规范体系中确确实实地相互连接，这同样不是自发的。发现一个体系的可接受性，和发现什么使它难以被接受，这两者是不可分割的：它在知识方面的任意，它在权力方面的暴力，总之它的能量 [a]。所以，有必要关注这一结构，以便更好地追踪其奥秘。

---

a 手稿中不是"它的能量"，而是"它的出现"。

第二个后果也代价昂贵，是否定的，即这些整体并不被当作普遍概念来分析，虽然历史会根据其特殊情况而给这些概念带来某些变动。当然，很多被接受的东西，很多可接受性的条件，它们都可能有很长的渊源；不过，在分析这些实证性时应该加以把握的，可以说就是一些纯粹的独特性[30]，既不是某种本质的体现，也不是某一类别的个体化：作为现代西方世界中疯癫的独特性，作为性的绝对独特性，作为我们司法 - 道德惩罚体系的绝对独特性。

绝不求助于创始者，也绝不躲进某种纯粹的形式之中，这可能就是历史 - 哲学方法最重要，也最有争议的一点：如果它既不转入某种历史哲学，也不转入某种历史分析，那么它就应该留在纯粹独特性的内在领域。这是怎么回事？断裂、中断、独特性、纯粹描述、静止图表、没有解释、没有转换，这些你们都知道。有人会说，对这些实证性的分析并不隶属于那些所谓的解释方法，人们在以下三种条件下赋予这些方法某种因果价值：

1）人们只承认这样的解释具有因果价值，它们涉及某个最终权威，此权威被抬高至深刻高度，被视为唯一的，它对一些人来说是经济，对另外一些人来说是人口。

2) 人们只认为那些服从金字塔式的解释才具有因果价 55
值，即它们瞄准"唯一"(la) 原因或者因果发源地，瞄准单一
的起源。

3) 最后，人们只认为那些能够建立某种不可避免性，或
者至少接近必然性的解释才具有因果价值。

分析实证性，鉴于涉及纯粹的独特性，而这些独特性并
不归结于某一类别，或者并不归结于某一本质，而是归结于
单纯的可接受性条件，那么这种分析就意味着展示一个既复
杂又紧密的另类因果网络，此网络恰恰不会去服从这样的要
求，即让某个深刻的、单一的、金字塔式的、带有必然性的
原则充斥其间。问题在于建立一个网络，由此说明作为效应
的独特性：所以必须有关系的多样性，不同类型关系的多样
化，不同的必然连接形式之间的多样化，必须辨别相互间的
作用、循环的作用，必须考虑异质过程的交叉。与这种分析
格格不入的莫过于排斥因果性。不过在此分析中，重要的并
不在于把一系列派生现象归结于某一个原因，而在于就某个
实证性本身所具有的独特方面来说明其独特的实证性。

大致上可以说，<u>起源</u>[a]趋向于拥有众多后代的起因统一性，与此起源相反，这里涉及谱系学，也就是从多种决定性因素出发，去再现某种独特性的出现条件，独特性并不显示为这些条件的产物，而显示为它们的效应[31]。这样说明独特性，但还是要看到，它并不按照封闭原则运行。这里并不涉及封闭原则，有几个原因。

第一个原因，这是因为能够说明这种独特效应的关系，如果不说全部，它们至少大部分都是个体或者团体之间相互作用的关系，也就是说它们包括主体、行为类型、决定、选择：并非在事物的本质当中才能找到这种可理解关系网络的支柱和支撑，而是在某种相互作用游戏本身的逻辑当中，而此游戏总是带有不确定的变化可能。

同样没有封闭，这是因为人们试图确立这些关系以便说明作为效应的独特性，这种关系网络不应该构成为唯一的层面。这些关系永远在相互脱离：处于某一层次(譬如个体之间)的相互作用的逻辑能够一方面保持其规则，其独特性，及其独特效应，但它同时又和其他因素一起构成了另一层次的相

---

a　手稿中划有下划线。

互作用，以致可以说，没有任何一种相互作用显示为初始的，或者绝对总体化的。每一种相互作用都可以被移至超越它自身的某种游戏之中；反过来，任何一种相互关系，不管它多么局部，都必然影响，或者可能影响它参与其中并包含它的相互作用。所以，如果你们愿意的话，简单地说，就是永恒的移动，本质的脆弱，或者维持同一过程的和改变这一过程的，这两种因素相互交错。总之，关键在于由此引出一整套可称之为战略的分析形式[32]。

说到考古学、战略、谱系学，我并不认为问题在于发现相互发展起来的三个相继层次，而在于界定同一分析的三个必然为同时的层面，这三个层面应该能够使人在它们的同时性当中重新把握其中的实证内容，也就是什么样的条件使某一独特性被接受，可以通过标出独特性所参与的相互作用和所介入的战略来确立它的可理解性。这一研究考虑到这样三个层面，可称之为事件化方法。……[a] 作为效应而发生，最后还有事件化，在此涉及某种东西，其扎根，其基础从来就是这样的，即总是能够以这样或那样的方法，就算不思考其消

57

---

a 这里的空白部分因为倒录音磁带所致，只有一部分借助于手稿才得以恢复。

失，至少也可以标出通过什么，经由什么来思考其消失是可能的。

我刚才说过，问题并不在于从认识与合法性方面提出问题，而在于通过权力和事件化来处理问题。你们已经看到，关键不在于让权力发挥如下作用，即把权力视为统治、控制，作为基本的给予物，作为唯一的起因，作为不可回避的解释和法规；相反，必须这样来思考权力，即视之为处于某一相互作用领域之中的关系，在于通过和知识形式不可分割的关系来思考权力，在于永远这样来思考权力，即把它和某种可能性领域，因而和可逆性，和可能的颠倒领域相联系[33]。

如你们所看到的，问题不再是：认识由于什么样的错误、幻觉和遗忘，由于缺乏什么样的合法性，而导致技艺 (technê) 操控在现代社会所表现出的统治效应？问题不如说是这样的：知识和权力在众多相互作用和战略游戏当中不可分割，这如何导致了由其可接受条件所界定的独特性，同时又如何导致了可能、开放、未定、剧变，也许会解体的领域，此领域使独特性变得脆弱而非永久，并把这些效应都变成事件，不多不少恰好就是事件？这些实证性所特有的强制效应如何才能，不是通过回归认识的合法目标，不是通过思考固定此目标的超验或者准-超验而被取消，而是如何能在某个具体战略领域，就在这个导致这些效应的具体战略领域内被颠倒或者被解开，而出发点正是不愿被治理的决定？

总之，使批判态度转入批判问题的运动，或者这样一种运动，它使人在批判计划中重新考虑启蒙的事业，而此计划曾经就是为了让认识对自己有一个正确的观念，这样一个转化运动，这样一个差异，以及把启蒙问题放逐到批判当中的方法，那么现在是否应该尝试一下相反的道路？能否尝试沿着这一道路，但朝着另外一个方向？如果应该从认识和统治的关系来提出认识问题，那么这首先就应该从某种决定不被治理的意志出发，即从康德所谓下决定摆脱不成熟状态这一个人和集体的意志出发。一个态度的问题。你们已经看到，为什么我不能，也不敢给我今天的演讲提出的一个题目，它应该是"什么是启蒙？"。

*亨利·戈蒂埃：非常感谢米歇尔·福柯，他给我们带来了一整套如此严密的思考，尽管他说"我不是哲学家"，我还是认为

58

---

* 讨论部分的发表承蒙法国哲学学会的善意授权。

这些思考都是哲学的。我还应该说，就在他说"我不是哲学家"之后，他马上补充说他"几乎不是批判家"，这就是说他还是带有一些批判的。在听了他的演讲之后，我在思考，略微带有批判，这是否就不太是哲学家。

诺埃尔·穆卢（Noël Mouloud）：我想提两三点意见。第一点，福柯似乎使我们面对思想的一般态度，拒绝权力，或者拒绝强制性的规则，权力引发了某种一般态度，那就是批判的态度。他由此出发进入到某种提问，并视之为这种态度的延长，这种态度的现实化：这里涉及现在提出的问题，关系到知识、技术、权力之间的关系。我在某种程度上看到了一些局部的批判态度，它们围绕某些问题的中心，也就是说，它们在很大程度上都有历史渊源，或者说有历史局限。要让一种批判态度出现，我们必须首先要有一种实践，一种方法，它达到了某些极限，提出了某些问题，并陷入死胡同。比如说，实证主义方法论获得成功，而由于它提出了难题，这就招致对它的批判，这一点我们都知道，这些批判已经有半个世纪了，它们就是逻辑主义的思考，批判主义的思考，我想到波普尔学派，或者维特根斯坦对科学规范化言语局限的思考。人们时常在这样的危机时刻看到一种新的解决方法出现了，寻求某种更新的实践，寻找一种方法，而此方法本身就具有局部方面，具有历史研究的方面。

米歇尔·福柯：您说得很对。批判态度正是在此道路上行进的，它在19世纪优先发展了其成果。这里，我想说，批判态度正是在其最初的具体运行中遇到了康德道路，也就是说批判态度的高峰时刻和主要时刻应该就是认识质疑自身局限，或者，如果你们愿意的话，质疑死胡同的问题。

使我感到惊奇的有这么两点。首先，如果你们愿意的话，康德这样使用批判态度——说实在的，在康德那里，问题提得非常明确——并未阻碍批判也会提出（问题在于知道这一点是否根本，这可以讨论）如下问题：什么是使用理性，如何使用理性会给权力滥用，因而给自由的具体用途带来影响？我想这个问题，康德远不是不知道，尤其是在德国有着围绕此主题进行的一系列思考运动，由此把您提及的狭义批判问题普遍化，并将之扩大到其他领域。您提到波普尔，不管怎么说，权力的滥用对他来说也是一个根本的问题。

其次，我想指出一点——我很遗憾，这只是粗略的研

60 究，如果可以这样说的话——依我看，批判态度的历史，就
其西方的特点而言——就 15—16 世纪以来现代西方的特点而
言——必须到中世纪下半期的宗教斗争和宗教态度中去寻找
其渊源。如何被治理，是否接受就这样被治理？就在提出这
样一个问题的时候，事情就处于最具体的层次，历史上最确
切的层次：在中世纪下半期，所有围绕牧领制而进行的斗争
都为宗教改革作了准备，我想它们就是某种历史的门槛，而
这种批判态度即由此发展而来[34]。

亨利·比罗（Henri Birault）：我可不想做什么惊弓之鸟！启
蒙问题如何明确地被康德重提，并由于道德、宗教、政治等方
面的绝对命令而同时受到理论上的限制，这些绝对命令都是
康德思想的特征，我对此完全赞同。在这一点上，我们之间完
全一致。

关于演讲中最直接的肯定部分，当问题在于研究知识和
权力在基础层次，可以说在事件层次上交火，我在想，是否
就没有位子留给一个隐蔽的问题，一个根本上或者传统上属
于哲学的问题，它位于这一认真、细致地研究不同领域中知
识和权力游戏之后。可以这样来表述这个形而上的历史问题：

在我们历史上的某个时期，在世界上的某个地区，是否可以说知识本身，如此这般的知识，它获得了某种权力，或者获得了某种权威的形式？至于权力方面，它依然被定义为一种能力，定义为一种知道如何去做，或者知道如何进行的方法，它是否最终表现了活动意识特有的动力本质？米歇尔·福柯发现并理清了知识和权力之间的众多网络或关系，因为至少从某个时代开始，知识在根本上就是一种权力，而权力在根本上则是一种知识，知识和权力属于同一意愿，同一意志，而我不得不称之为权力意志，如果是这样的话，那就毫不奇怪了。

米歇尔·福柯：您的问题是否涉及这类关系的一般情况？

亨利·比罗：并不怎么涉及其一般性，而关系到其根本性，或者说涉及它在知识-权力这两个用语的二元性以内隐藏的基础。是否就不能找到知识和权力的某种共同本质，知识本身就被定义为权力的知识，而权力则被定义为权力的知识（哪怕要仔细地探讨这两个词的多种含义）？

61

米歇尔·福柯：当然如此。这里我说得不够清楚，就我想做的事情，我建议做的事情来说，那就是在某种描述之下或者之内——大致上说，有知识分子，有权威人士，有科学人员和工业要求等——实际上我们有一整套编织好的网络。并不只有知识和权力的因素；为了让知识作为知识运行，这只能是在某个权力运行的范围之内。相对于可能的知识话语，在其他知识话语内部，每个被视为真实的陈述都行使了某种权力，它也同时创造了一种可能性；反过来，任何权力的行使，哪怕是把人处死，至少也包含着某种能力，不管怎么说，野蛮地弄死一个人，这依然是一种操作方法。所以，如果你们愿意的话，我完全同意，我试图展现的就是：在极之下，这些极对我们显得不同于权力之极，存在着某种闪光……

诺埃尔·穆卢：我再回到比罗和我刚才都提到的波普尔。波普尔的一个目的就在于指出：在权力范围的构成中，不管其性质如何，也就是无论在教义、强制性规范、范式的构成中，所涉及的并非知识本身，也不是知识要负责，而是一种异常的合理性，它不是一种真正的知识。知识——或者作为制作者的合理性本身并无范式，也没有方法。它的独特创举就是质疑它自己的确信，质疑它自己的权威，就是"和自己进行论战"。恰恰因为这个原因它才是合理性，波普尔所设想的方法论就在于区分，分别这两种行为，即在于让方法的使用，程序的管理和理性的发明这两者之间不可能含混或者混淆。我在想，尽管这会更加困难，是否在人类，在社会和历史方面，社会科学在整体上是否同样，并首先发挥着开放的作用：这里有一个情况非常困难，因为社会科学实际上和技术不可分割。在一种科学和使用该科学的权力之间，存在着某种并非真正本质的关系；虽然这种关系是重要的，但它在某种意义上依然是"偶然的"。不是知识本身的条件，而正是使用知识的技术条件和某种权力，和某种逃避交流或者逃避检查的权力运行直接相关；我正是在这一点上不太理解其中的论证。此外，米歇尔·福柯提出了一些很能说明问题的见解，他无疑还会进一步发展。但我还是自问：在知识的责任或要求和权力的责任和要求之间，是否真的存在直接的联系？

米歇尔·福柯：如果能够这样做的话，也就是如果能够说：存在着好的科学，它既是真实的，同时又不接触坏的权力，那我将太高兴了；其次，显然还有对科学的坏的使用，或者是别有用心的使用，或者是利用其失误。如果您能对我这样肯定，那么我走的时候会非常幸运。

诺埃尔·穆卢：我并未这样说，我承认，历史的联系，事件的联系是很强烈的。但我还是注意到若干情况：新的科学研究（生物学，人文科学的研究）把人置于一个非预定的境遇之中，给人打开了自由之路，可以说也迫使人重新作出决定。此外，压迫的权力很少建立在科学的知识之上，而更喜欢建立在非知识之上，建立在某种预先就被归结为"神话"的科学之上：众所周知的例子就是某一种族主义建立在一种"伪遗传学"之上，或者某种政治实用主义建立在"新拉马克学派"对生物学的歪曲之上，如此等等。最后，我还设想，科学的实证信息要求批判性评价保持距离。不过在我看来——这差不多就是我的论证的含义——当人道主义的批判重新拿起文化及价值论标准，它只有借助于认识本身给予的支持，同时对认识的基础，它的假设和起因进行批判，这样它才能获得充分的发展，并获得成功。这尤其涉及人的科学，历史的科学所作的解释；依我看，尤其是哈贝马斯就把这一分析层面包含在他所谓意识形态批判之中，意识形态本身即是由知识导致的。

米歇尔·福柯：我想，这恰恰就是批判的好处！

亨利·戈蒂埃：我想给您提一个问题。我非常赞同您的区分方法，以及关于宗教改革的重要性。但在我看来，在整个西方文化传统中都存在着由苏格拉底主义而来的批判因素。我想请教一下，您所定义并使用的批判一词，是否适合于我暂时叫作苏格拉底主义的批判因素？这种批判因素贯穿于整个西方思想，它在16—17世纪通过回归苏格拉底而发挥了某种作用。

米歇尔·福柯：您给我提出了一个更难回答的问题。我想说，苏格拉底主义的这一回归（可以感受到它，可以发现它，依我看，可以在历史上看到它，那是在16—17世纪之交的时候），它只有在这件事情基础之上才有可能，在我看来，这件事情更加重要，这就是牧领制的斗争，就是治理人的问题，治理一词在中世纪末具有非常完整，非常广泛的含义。治理人，就是拉着他们的手，引导他们直至他们获得拯救，方法是通过一种操作，一种详细的指导技术，这当中包含着一整套知识游戏：涉及被引导的个人，涉及引导要达到的真理……

64

亨利·戈蒂埃：如果您就苏格拉底及其时代作一次演讲，您是否还会用到您的分析？

米歇尔·福柯：这实际上是一个真正的问题。为了很快地回答这个难题，在我看来，实质上当人们这样或者那样质疑苏格拉底的时候——我不大敢这样说——我在思考是否当海德格尔在质疑前苏格拉底派的时候，他也只是在……，不，不可能，完全不在于搞错时代，不在于把18世纪转移到5世纪……。然而启蒙这个问题，我想自康德以来，这对于西方哲学来说是一个基本问题，我在想，是否是它，这么说吧，用它来清扫一切可能的历史，直至哲学的最终源头，以致苏格拉底的诉讼案件，我想可以正当地质疑此案，不会犯时代的任何差错，但要从这样一个问题出发，不管怎么说，此问题被康德认为是一个启蒙的问题[35]。

让-路易·布律克（Jean-Louis Bruch）：我想对您提一个问题，关于一个说法，它在您的演讲中占据中心地位，但在我看来它却以两种不同的形式来表述。您在最后谈到"决定不被治理的意志"，视之为一个基础，或者是启蒙的颠倒，而启蒙是您在演讲中所参照的。您起初说"不被这样治理"，"不被过于治理"，"不以此代价被治理"。前一种说法是绝对的，而后一种说法却是相对的，这是根据什么标准？您是否因为感受到治理化的滥用而进入极端立场，进入决定不被治理的意愿？我就提出这个问题。最后，这最后的立场是否本身也应该成为质疑的对象，成为疑问的对象，而此疑问具有哲学的性质？

米歇尔·福柯：这是两个很好的提问。关于说法不同这一点：实际上，我并不认为完全不被治理的意志可以被视为某种天生的向往。事实上我认为，不被治理的意志总是不被这样治理的意志，不是这样，不是由这些人，也不是以这样的代价。至于完全不被治理这个说法，这在我看来可以说就是对相对地不被治理这一意志的哲学和理论的极端表述。至于我最后又说"决定不被治理的意志"，这里有我的错误，应该是"不是这样被治理，不是这样，不是以这种方式"。我并未参照某种彻底的无政府主义（anarchisme fondamental），并未参照某种天生就绝对地，并在本质上抵制一切治理化的某种自由。我没有谈到这一点，这并不意味着我完全排除了它。我想，我的演讲实际上到此为止了：因为时间已经拖得很长了；同时也因为我在想……，如果要考察批判的这个方面，这个方面在我看来非常重要，因为它属于哲学，又不属于哲学，如果要考察批判的这个方面，是否

65

会像批判态度的基础那样回到反抗，不接受某个实际治理的历史实践，或者回到个人拒绝治理术的体验？使我感到非常惊奇的是——不过也许我已经纠缠于其中，因为我现在非常关注这些事情——那就是，如果要到中世纪的宗教斗争中寻找西方世界批判态度的发祥地，这种斗争涉及牧领权力的运行，你们依然会非常惊讶地看到：作为个人体验的神秘主义，政治和制度斗争，它们绝对是一体的，不管怎么说，它们始终是相互参照的。我可以说，西方最初反抗的一大形式就是神秘主义[36]；所有针对《圣经》权威，针对牧师中介的反抗点，它们或者是在修道院内，或者是在修道院之外的在俗教徒那里发展起来的。当人们注意到，这些体验和这些宗教运动经常为斗争的希望充当服装、用语，甚至充当处事的方式，可以说这些斗争是经济的和民众的斗争，也可以用马克思主义的措辞来说是"阶级"的斗争，我想这里存在着某种基本的东西。

在此批判态度的进程中，依我看历史就在那时找到了其渊源，是否现在就不应该提问：什么是不愿被如此，被这样……治理的意志，不管是以个人体验的形式，还是以集体的形式？现在应该提出意志的问题[37]。总之，人们会说，这是理所当然的，如果不提出意志的问题，当然就不能沿着权力的路线重提这个问题。这是如此显而易见，我应该之前就能够看到这一点；但鉴于意志这个问题是西方哲学总是极其小心，极其困难地加以处理的一个问题，所以只要有可能，我就尽力避免。可以说(这个问题)还是难以避免的。在此问题上，我已经就我正在进行的研究说出了我的看法。

安德烈·塞尔南（André Sernin）： 您认为自己属于哪一派？是否属于奥古斯特·孔德一派？我简单地说吧，孔德派把宗教权力和世俗权力严格地区分开来。或者相反您属于柏拉图一派？柏拉图说过，只要哲学家不成为世俗权力的首脑，那么事情就永远不会好。

米歇尔·福柯： 真的必须作出选择吗？

安德烈·塞尔南： 不，不一定要选择，而是您自认为更倾向于哪一派？

米歇尔·福柯： 我会尽力找到出路的！

皮埃尔·哈吉–蒂姆（Pierre Hadji-Dimou）： 您成功地向我们介绍了批判的问题，及其和哲学的关系，您现在进入了权力和认识的关系。我想就希腊思想作一个小小的说明。我想这个问题已经由会议主席提出了。"认识"就是拥有逻各斯（logos）和神话（mythos）。我认为用启蒙无法达到认识；认识并不仅仅是合理性，并不仅仅是历史生活中的逻各斯，还有另外一个源泉，那就是神话。如果参照毕达哥拉斯和苏格拉底的讨论，当毕达哥拉斯提问关于政府的（Politeia）惩罚法律，及其权力，他说他要解释并说明他关于神话的想法[38]——神话和逻各斯相连系，因为存在着某种合理性：它告诉我们的东西越多，也就越好。我想补充的一个问题就是：通过取消思想的一个部分，即取消达到逻各斯，也就是达到神话的非理性思想，就能认识到认识的源泉，认识同样具有某种神话含义的权力？

米歇尔·福柯：我赞同您提出的问题。

西尔万·扎克（Sylvain Zac）：我想提两点看法。您不无道理地说，批判态度可以被视为一种德性。不过有一位哲学家叫马勒伯朗士，他就研究过这一德性：这就是精神的自由。另外，我不同意您在康德论述启蒙的文章以及他对认识的批判这两者之间建立的联系。认识的批判显然确定了界限，但它本身却没有界限；它是总体的。不过，当人们阅读论述启蒙的这篇文章，可以看到康德对公共使用和私下使用作了非常重要的区分。在公共使用当中，这种勇气就应该消失。这就使……

米歇尔·福柯：正相反，因为他所谓公共使用，就是……

西尔万·扎克：比如说，当一个人在一所大学中占据着哲学讲座的教职，他在那里公共地使用着话语，他就不应该批判《圣经》；相反，在私下使用的情况下，他就可以这样做。

米歇尔·福柯：恰恰相反，这一点非常有趣。事实上，康德说："有着对理性的公共使用，这不应该受到限制。"那么什么是公共使用呢？就是学者之间传播的，经由报刊和出版物传播的那种使用，这种使用针对所有人的意识。这样的使用，对理性的这种公共使用不应该受到限制，很奇怪，他所谓私下使用，可以说就是公务员的使用，他说，官员没有权利对他的上级说："我不服从你，你的命令是荒谬的。"就一个人是国家的一分子而言，每个人服从他的上级，服从君主，或者服从君主的代表，这就是康德奇怪地称为私下使用的情况[39]。

68

西尔万·扎克：我同意您的看法，是我搞错了。不过在这篇文章中，还是存在着对表现勇气的限制。而这些限制，我在任何地方都可以发现它们，在所有启蒙哲学家那里，当然也在门德尔松那里。在德国启蒙运动中，有一部分循规蹈矩的内容（conformisme），而在18世纪的法国启蒙运动中却没有这样的内容。

米歇尔·福柯：我对此完全赞同，只是我不太理解这在哪一方面和我所说的发生争议。

西尔万·扎克：您把启蒙运动作为中心，在此运动和从知识观点或政治观点出发的批判态度和反抗态度的发展，我不认为在这两者之间存在某种密切的历史联系。您不认为可以作出这样的说明？

米歇尔·福柯：我不认为康德会对启蒙感到陌生，对他来说，启蒙就是他的现实，而他就在启蒙的内部发表意见，并不仅仅通过这篇论述启蒙的文章，还有其他的事情……

西尔万·扎克：启蒙一词还出现在《宗教处于单纯理性的局限之中》[40]，但该词适用于情感的纯真，适用于某种内在的东西。就像在卢梭那里发生了颠倒。

米歇尔·福柯：我想说完我正在说的……。所以，康德完全感到他和他称为启蒙的这一现实相连系，他也试图去定义它。相对于这一启蒙运动，我觉得他引进了一个层面，我们可以认为这个层面更加特殊，或者相反认为它更加一般，更加极端，这就是这样一个层面：当问题在于认知和认识，应该表现出的第一勇气，那就是认识能够认识的东西。这就是极端性，对康德来说，这也是其事业的普遍性所在。我相信这种联系，当然，不管启蒙哲学家的勇气多么有限。如果您愿意的话，我不明白，启蒙哲学家的胆怯这个事实能够改变康德创造的这种运动的任何什么，我想他差不多也意识到这一点。

亨利·比罗：事实上我认为，相对于一般的启蒙而言，批判哲学可以说实际上代表了一种限制运动，同时也代表了一种极端化运动。

米歇尔·福柯：但是，他和启蒙的联系，这却是当时所有人的问题。我们正在说些什么？略微先于我们的这场运动，我们依然属于它，它叫启蒙，它是怎么回事？最好的证据，那就是当

69

时的报刊需要发表一系列文章，其中有门德尔松的文章，有康德的文章……这曾是一个现实问题[41]。这类似于我们，我们现在提出的问题是：现在的价值危机是怎么回事？

让娜·迪布谢（Jeanne Dubouchet）： 我想提的问题是：您把什么东西放在知识里面？权力，我想我理解，那就是不被治理的问题：但什么是知识的情况？

米歇尔·福柯： 如果我使用这个词，那么恰恰在这里，主要还是为了使一切可能是合法化的东西，或者仅仅是价值等级化的东西中立化。如果您愿意的话，对我来说——对一个学者或者方法论学家，甚至对一个科学史学家来说，不管这可能并在实际上必然会显得多么骇人听闻——对我而言，当我在谈论知识的时候，在一个精神病学家的话语和数学论证之间，对我而言，我暂时不作任何分别。使我引进分别的唯一一点，那就是在于知道，什么是权力效应，如果您愿意的话，什么是类推效应——不是逻辑意义上的归纳，而是这一命题在某一科学领域内，在它被提出的领域内部，譬如数学、精神病学等可能具有的效应——另一方面在于知道什么是权力的制度网络，不是话语的，不是可形式化的，不是当此命题流通时与之相联系的专门科学网络。这就是我称之为知识的东西：认识的因素，不管它们对我们来说，不管它们相对于纯粹的精神来说具有什么样的价值，它们都在自己的领域内部和外部行使了权力的效应。

亨利·戈蒂埃： 我想再次感谢米歇尔·福柯，他给我们作了一次如此精彩的演讲，以后一定会有非常重要的东西问世。

米歇尔·福柯： 谢谢您。

71   注释

1   1978年4月5日，福柯在法兰西学院讲完了《安全、领土与人口》的最后一课，之后他
     前往日本，在那里一直待到4月底。参见D.德菲尔，"年表"，DE1，74页。在日本期间，
     福柯作了几次重要的演讲，参与了很多讨论会，有过多次谈话。参见米歇尔·福柯，
     "性和政治"（和C.Nemoto与M.Watanabe的谈话），DE2，文章编号230，522-531页；
     "危机中的规训社会"，DE2，文章编号231，532-534页；"政治的分析哲学"，DE2，文
     章编号232，534-551页；"性和权力"，DE2，文章编号233，552-570页；"哲学舞台"（和
     M.Watanabe的谈话），DE2，文章编号234，571-595页；"认识世界的方法论：如何摆脱
     马克思主义"（和R.Yoshimoto的谈话），DE2，文章编号235，595-618页；"米歇尔·福柯
     和禅"：在禅院的生活"（由C.Polac收集整理），DE2，文章编号236，618-624页。

2   参见米歇尔·福柯，"什么是作者？"，见《法国哲学学会会刊》，第63年，1969年第三
     期，7-9月，73-104页（后收入DE1，文章编号69，817-849页）。

3   1978年，福柯在法兰西学院讲授"安全、领土与人口"期间，尤其在2月8日和3月1日的
     讲课中，他首次研究了牧领制权力，视之为一种治理人的"母体"形式。参见STP，128-
     219页。在此背景中，福柯在接触基督教牧领制之前集中研究了希伯来人的牧领制主
     题。参见STP，128-133页。按福柯之见，在古希腊-罗马，牧人和羊群的关系并不被认
     为是一个好的政治模式，对其中原因的详细解释，参见STP，140-151页。福柯后来又
     数次重新考虑他对牧领制权力的分析，那是在1978年和1979年之间。参见米歇尔·福
     柯，"政治的分析哲学"，同前，548-550页；"性和权力"，同前，560-566页；"'全体和个
     体'：论政治理性的批判"，DE2，文章编号291，955-968页。另见米歇尔·福柯，"主体
     和权力"，DE2，文章编号306，1048-1049页。

4   1978年2月22日，福柯在法兰西学院讲授"安全、领土与人口"一课时，他相对于希伯
     来牧人这个主题来分析基督教牧领制，并围绕三个主题来解释这一牧领制的特点：
     和拯救的关系，和法律的关系（要求"完全服从"），和真理的关系。参见STP，170-187
72   页。在福柯论及基督教牧领制的所有其他地方，都可以发现这三个因素，只是更加概
     括，有时侧重点有所不同（譬如在这里，在法国哲学学会的演讲中）。

5   参见GV，51-52页；M.瑟内拉尔，GV，68页，注释9。

6   关于治理人的艺术在宗教范围之外的"迅猛发展"，参见STP，235-245页；米歇尔·福
     柯，"政治的分析哲学"，同前，550-551页。

7   1978年，福柯在法兰西学院讲授"安全、领土与人口"，他在3月1日的讲课中分析了中
     世纪五大"反牧领指导"的主要形式，其中即有"《圣经》问题"，也就是"回归文本，回

归《圣经》"，目的是反牧领。参见STP, 217页。在法国哲学学会演讲之后的讨论会上，福柯还提到神秘主义，视之为"西方早期最大的反抗形式之一"（见本书65页）；对神秘主义这一"反指导形式"的更加详细的分析，参见STP, 215-217页。关于"现代治理术体系"中三种反指导形式（革命的来世说，绝对的造反权利，民族作为反国家的原则），参见STP, 363-365页。

8　把批判视为分析真理、规则、自我关系得以构成的历史条件，相似的定义参见米歇尔·福柯，"《性史》前言"，DE2, 文章编号340, 1399页。

9　关于"真理政治"这一说法的使用，参见VS, 81页，又见米歇尔·福柯，"和A.丰塔纳（A.Fontana），P.帕斯奎诺（P.Pasquino）的谈话"，DE2, 文章编号192, 160页。

10　参见E.康德，"对'什么是启蒙？'这个问题的回答"（1784），《哲学全集》，卷二，H.威斯曼法译本，"七星文库"，巴黎，Gallimard, 1985年，207-217页。除了在法国哲学学会的演讲，福柯还在法兰西学院的讲课"治理自己与他人"（参见GSA, 8-38页）第一课中详细谈到康德的这篇文章，其中有一部分被收入一篇文章，并发表于1984年（参见米歇尔·福柯，"什么是启蒙？"，DE2, 文章编号351, 1498-1507页），还被收入"什么是启蒙"，DE2, 文章编号339, 1381-1397页。不过，福柯还在好几个场合参照康德的这篇文章：参见米歇尔·福柯，"米歇尔·福柯的导言"，DE2, 文章编号219, 431-433页；"一种令人不快的道德"，DE2, 文章编号266, 783页；"编后记"，DE2, 文章编号279, 855-856页；"主体和权力"，同前，1050-1051页；"结构主义和后结构主义"（和G.罗莱[G.Raulet]的谈话），DE2, 文章编号330, 1257, 1267页；"生命：体验和科学"，DE2, 文章编号361, 1584-1587页；"个人的政治工艺"，DE2, 文章编号364, 1632-1633页。另见米歇尔·福柯，"自我的文化"，见本书81-85页，以及福柯于1979年10月在斯坦福大学所作"坦纳讲座"（Tanner Lecture）的讨论会节选，其翻译见本书"自我的文化"，99-101页，注释5。

11　参见E.康德，"对'什么是启蒙？'这个问题的回答"，同前，209页："启蒙的定义就是人走出不成熟状态，人处于此状态是由于他自己的过错。不成熟就是没有他人的指导就无法使用自己的知性。当不成熟并非由于缺乏知性，而是因为缺乏决心和勇气在不受他人指导的情况下去使用知性，那么它就是我们自己的过错。要敢于知道！（Sapere aude！）要有勇气去使用你自己的知性！这就是启蒙的座右铭。"对康德文章第一段的更详细评论，参见GSA, 25-28页。

12　为乔治·康吉莱姆《正常与病态》一书的美国英文版所作的导言写于1978年1月（参见D.德菲尔，"年表"，同前，73页），福柯在其中说，摩西·门德尔松（Moses Mendelssohn）和康德于1784年发表在《柏林月刊》（Berlinische Monatsschrift）上的文章"开启了一种'哲学的新闻工作'，这是19世纪哲学在体制上介入的两大形式之一，另外一大形式是大学教育"。在其导言中，福柯还明确地把"哲学的新闻工作"这个主题与分析"当下时刻"这个问题相连系，而他在法国哲学学会的演讲中却相反放弃了这一问题。参见米歇尔·福柯，"米歇尔·福柯的导言"，同前，431页。另见米歇尔·福柯，"一种令人不快的道德"，同前，783页："这一独特的调查，是否应该把它纳入新闻史或者哲学史？我只是知道，自从这一时刻起，有很多哲学无不围绕这样一个问题：'此时此刻我们是谁？我们无法把我们的身份和此时此刻分开，这一时刻携带着我们的身份，那么这一如此脆弱的此时此刻到底是怎么回事？'但我认为，这个问题也是记者职业的实质。说出此刻正在发生的事情……这种关注并不怎么在于想知道这可能在所有地方，在任何时候会如何发生，而在于想猜测在'今天'这个词之下隐藏对什么，这个词是确切的、漂浮的、神秘的、绝对是简单的。"1984年4月，福柯因《形而上学和道德杂志》要为康吉莱姆出一期专辑，他再次拿起他为《正常与病态》一书的美国英文版所作的导言，并作了修改，他还是强调当下时刻和现实这个问题，但决定取消对"哲学的新闻工作"的参照。参见米歇尔·福柯，"生命：体验和科学"，同前，1584-1585页。

13 参见E.康德，"对'什么是启蒙？'这个问题的回答"，同前，209，211页。

14 参见同上，211，217页。另见GSA，同前，37-38页；米歇尔·福柯，"什么是启蒙？"，同前，1384-1385页。

15 启蒙问题在德国和法国的"命运"也有同样的对比，见米歇尔·福柯，"米歇尔·福柯的导言"，同前，431-433页，福柯在其中说道："德国哲学主要在对社会的历史和政治思考中使它具体化"，然而在法国，"尤其是科学史给启蒙的哲学问题提供了支撑"。另见米歇尔·福柯，"结构主义和后结构主义"，同前，1257页；"生命：体验和科学"，同前，1585-1587页。

16 参见E.胡塞尔，《欧洲科学的危机和超验现象学》，G.格拉内尔(G.Granel)法译本，巴黎，Gallimard，1976年。

17 参见J.-P.萨特，《恶心》，巴黎，Gallimard，1938年。

18 参见福柯就"论战"和"论战者"所说的，明显不同于"论战，政治和问题化"(和P.拉比诺[P.Rabinow]的谈话)，见DE2，文章编号342，1410-1412页。

19 福柯在其论述康德和启蒙问题的若干文章中，好几次提到他的研究和法兰克福学派的研究有相近性。参见GSA，22页；米歇尔·福柯，"什么是启蒙？"，同前，1507页；"个人的政治工艺"，同前，1633页。另见斯坦福"坦纳讲座"讨论会节录(见本书"自我的文化"，99-101页，注释5)，福柯在此宣称他和法兰克福学派属于同一"哲学家族"；

"结构主义和后结构主义"的谈话（同前，1258页），福柯在此甚至宣称"如果我以前就认识法兰克福学派，如果我能够及时认识它，我就可以避免很多研究，我就不会说很多胡话，也不会走很多弯路"。

20 福柯在给莫里斯·阿居隆（Maurice Agulhon）的答复中，该答复作为编后记发表在《难以容忍的监狱》一书中（M.佩罗[M.Perrot]主编，巴黎，Seuil，1980年），他建议就启蒙这一"我们最'现在'的过去"作一"历史大调查"，调查启蒙"在19和20世纪的欧洲"如何"被感知、被思考、被经历、被想象、被祛除、被开除出教、被再次激活"，他还说这是一项"饶有兴味的'历史-哲学'研究"，"历史学家和哲学家之间的关系可能……受到检验"。参见米歇尔·福柯，"编后记"，同前，856页。 75

21 在1979年的一次谈话中，福柯说他在搞"一种历史虚构"，而历史学家理所当然地可以予以批判，因为"我所说的并非真实"；不过，福柯又解释说，他试图"在我们的现实和我们所知道的自己的过去历史之间激发起某种相互的影响"，目的是"对我们现在的历史产生真正的作用"，以致于他希望：他书中的"真理""在未来"。参见米歇尔·福柯，"福柯研究国家理性"（和M.狄龙[M.Dillon]的谈话），DE2，文章编号272，805页。关于历史虚构这个概念，另见米歇尔·福柯，"权力关系进入身体的内部"（和L.菲纳[L.Finas]的谈话），见DE2，文章编号197，236页；"和米歇尔·福柯的谈话"（和D.特龙巴多里[D.Trombadori]的谈话），DE2，文章编号281，863-864页。

22 在其论述康德和启蒙，并于1984年发表于美国的文章中，福柯建议"把现代视为一种态度，而不是一个历史阶段"，也就是视之为"一种相对于现实的关系模式；一种由某些人作出的自愿选择；最后，也是一种行为和自我指导的方式，这种方式既标志了一种归属，同时显示为一种任务"。参见米歇尔·福柯，"什么是启蒙？"，同前，1387页。

23 对权力、真理、主体关系的分析构成了福柯在1970和1980年代的研究中心，以致于在1983年和1984年期间，福柯回顾性地重建了他自己的学术进程，围绕这三极或者"中心"。参见GSA，4-7页，以及米歇尔·福柯，《性史》序言，同前，1400-1402页。富有意味的是，福柯在法兰西学院讲授"说真话的勇气"的首次讲课中，他把自己对"说真话"（parrêsia）的研究确切地说成是一种分析"诚实模式、治理技术、自我实践之间连接"的方式，也就是视之为研究"真理、权力和主体相互关系，但又从不让它们相互隶属"的方式。参见CV，10页。

24 作为明显性中断的"事件化"这个概念，"我们的知识，我们的认同，我们的实践……都建立在明显性之上"，也作为"因果增大"的工具，此工具质疑所有的唯一必然性观念，并对福柯来说"构成了历史分析和政治批判的共同关键"，见米歇尔·福柯，"1978年5月20日讨论会"，DE2，文章编号278，842-844页。 76

25 在1978年末的一次谈话中, 福柯提出了关于"认知"(savoir)和"认识"的略微不同的区分:"在'认知'中, 我指的是这样一个过程, 主体通过认识这一行为本身, 或者当主体为了认识而进行工作时, 他由此受到某种变化。正是这一点能够既改变了主体, 又建构了对象。使认识对象增多, 发展其可理解性, 理解其合理性, 但同时保持调查主体的不变, 这样的工作就是认识"。福柯又说:"考古学这个观念, 正在于再次把握认识的构成, 也就是把握不变主体和对象领域这两者关系的构成, 在此关系的历史渊源中, 在使认识成为可能的认知运动之中把握。"参见米歇尔·福柯, "和米歇尔·福柯的谈话", 同前, 876页。

26 在1984年的一次谈话中, 福柯明确说明了"权力"和"统治"的区分。"权力关系"是"自由之间的战略游戏, 它们使"一些人试图决定其他人的行为, 而其他人的回应办法就是试图不让人决定他们的行为, 或者试图反过来决定其他人的行为";所以这些关系是"活动的, 可逆的, 不确定的", 它们假定了个人的某种形式和某种程度的自由。相反在"统治状态中"("人们通常称之为权力"), 权力关系"被固定了, 以致于它们永远是不对称的, 自由的余地极其有限"。参见米歇尔·福柯, "作为自由实践的自我关注伦理", (和H.贝克[H.Becker]、R.福尔梅-贝当古[R.Formet-Betancourt]、A.戈麦兹-穆勒[A.Gomez-Müller]的谈话), 见DE2, 文章编号356, 1539, 1547页。另见米歇尔·福柯, "主体和权力", 同前, 1054-1057页。1984年4月, 在伯克利分校的一次讨论中, 福柯持同一看法, 不过他并未说"统治状态", 而是说"暴力关系":"在暴力关系中, 您什么都不能做, 您受到束缚, 因为您被捆绑住了。在权力关系中, 双方的任何一方都有可能说不, 都有可能摆脱, 都有可能抵抗, 如此等等。……我会说, 权力关系最简单的定义是这样的:就是当某个人试图指导他人的行为。当然, 您可以抓住他人的手, 强迫他这样摆动, 这样来指导他人的行为, 这是暴力, 不是权力。当您试图治理他人的行为, 他人的为人, 不使用暴力, 这并不是说您就不以暴力相威胁, 在某些情况下, 您并未真正使用暴力, 至少是为了警告, 权力在这样的时候就开始了。暴力和权力相连系, 这是真的, 但我认为:当您并不使用暴力, 至少现在这样, 权力就开始了。而在此情况下, 反抗也随着权力开始了, 或者反抗的可能性也随着权力开始了。"参见米歇尔·福柯, 《和米歇尔·福柯的谈话》, IMEC/米歇尔·福柯资料库, D250(7), 15, 22-23页。

27 参见米歇尔·福柯, "司法理论和机构", DE 1, 文章编号115, 1257-1258页:"没有一个传播、记录、积累、转移的制度, 此制度本身就是一种权力形式, 它在其存在及其运行中又和其他的权力形式相连系, 那么任何知识都不能形成。反过来, 如果没有对知识的提取、占有、分类或保存, 那么任何权力都无法运行。在此层次上, 并没有一边是认识，另一边是社会，或者并没有一边是科学，另一边是国家，而只有'权力-知识'的基本形式。"

28 关于"实证性"这个概念，参见AS，164-165页。

29 1969年，福柯在《知识考古学》一书中以"考古"一词指称"某种一般的描述主题，这种描述在存在层次上提问已经说过的东西：在其之上运行的陈述功能，它所隶属的话语形成，它所隶属的一般档案体系。"福柯还进一步说明，这种分析"不要求寻找任何开始"。参见AS，173页，以及更大范围内的整个第四部分"考古描述"，177-255页。另见米歇尔·福柯，"米歇尔·福柯解释他的新著"，DE1，文章编号66，800页；"一个世界的诞生"，DE1，文章编号68，814-815页；"关于权力的对话"，DE2，文章编号221，468-469页。富有意味的是在1971年，福柯在回答乔治·斯坦纳（George Steiner）的批评时解释说，考古一词在康德那里就有了，康德用该词来指"使某种思想形式成为必然的东西的历史"。参见米歇尔·福柯，"批判的可怕之处"，DE1，文章编号97，1089页。78福柯参照的康德一文是《自莱布尼兹和沃尔夫以来形而上学在德国的进展》(1793)，L.吉耶米[L.Guillermit]法译本，巴黎，Vrin，1973年（参见107-108页）。在福柯那里，考古一词还被用来指称我们的先验(a priori)，然而与康德相比，这些先验总是历史的先验，也就是说都是"事件"。在其1984年发表于美国的论述康德和启蒙的文章中，福柯说，批判作为"通过事件来进行的历史调查，事件引导我们把自己构成为，并使我们承认我们是所做、所思、所说之事的主体"，这样的批判"就其目的来说是谱系学的，就其方法而言是考古学的"；它是考古学的，因为它"并不试图揭示一切可能的认识和道德行为的普遍结构"，而在于处理"把我们所思、所说、所做之事都作为历史事件而连接起来的话语。"参见米歇尔·福柯，"什么是启蒙？"，同前，1393页。另见米歇尔·福柯，"历史系讨论会"，见本书127-129,132页。

30 关于总是和"事件"概念相联系的"独特性"概念，可参见米歇尔·福柯，"1978年5月讨论会"，同前，842-843页；《性史》序言，同前，1399-1400页。另见米歇尔·福柯，"哲学剧场"，DE1，文章编号80，952，956页以及全文各处。

31 早在1971年，福柯就借鉴尼采的思想解释说：谱系学并不在于"描述线性的起源"，而在于"在所有单一目的之外来标出事件的独特性；在人们最未想到的地方，在那些被认为几乎没有历史的事情中去等候它们……；把握它们的回归，但不是为了勾画一条缓慢演变的曲线，而是为了重新找到它们在其中扮演了不同角色的不同场景；甚至确定它们的空白点，即它们并未发生的时刻。"因此谱系学和寻找"起源"完全对立。参见米歇尔·福柯，"尼采、谱系学、历史"，DE1，文章编号84，1004-1005页。在其论述康德和启蒙，并于1984年发表于美国的文章中，福柯说批判"就其目的来说是谱系学的，就其方法而言是考古学的"（见本书"什么是批判？"，78页，注释29），他还解释道：它是谱系学的，因为它"并不从我们所是之人的形式推导出我们不可能做，或者不可能认识的事情"，而是"从把我们造成我们所是之人的偶然性"中揭示出"不再是我们所是之人，不再做我们所做之事，或者不再思考我们所思之事的可能性。"参见米歇尔·福柯，"什么是启蒙？"同前，1393页。另见米歇尔·福柯，"历史系讨论会"，见本书127-129,132页。

32 参见AS，第六章第二部分"战略的形成"，85-93页。

33 参见本书"什么是批判？"，76-77页，注释26。

34 关于反牧领斗争这个主题，参见STP，同前，197-219页，以及"'全体和个体'：论政治理性的批判"，同前，967-968页。

35 1984年，福柯在回答一个关于哲学任务的问题时说，"就其批判方面来说——我所谓批判是广义的批判——哲学恰恰就是质疑所有统治现象的东西，不管统治现象是在什么层次，也不管它们以什么形式出现，如政治的、经济的、性的、制度的。哲学的这种批判功能在某种程度上来自苏格拉底的命令：'关注你自己'，也就是'通过控制你自己而把你建立在自由之上'"。参见米歇尔·福柯，"作为自由实践的自我关注伦理"，同前，1548页。

36 参见本书"什么是批判"，72页，注释7。

37 一个月之前，福柯在日本有过一次谈话，他在其中提到这个"意志问题"，他说，西方哲学仅仅以两种方式来处理意志：以自然哲学的方式（自然-力），以法哲学的方式（善法-恶法）。尽管涉及意志的这一思想模式曾经被叔本华和尼采打破，但福柯还是确信"西方哲学总是无法以合适的方式思考意志问题"。于是福柯建议向军事战略借鉴方法，以便这样来提出意志问题，即把它"作为斗争，也就是当不同的对抗关系发展的时候从战略角度来分析冲突"。参见米歇尔·福柯，"认识世界的方法论"，同前，603-605页。

38 参见柏拉图，《普鲁塔哥拉》，320c-324d，法译本，A.克鲁瓦塞[A.Croiset]和L.博丹[L.Bodin]合译，巴黎，Les Belles Lettres，2002年，34-39页。

39 参见E.康德，"对'什么是启蒙？'这个问题的回答"，同前，211-213页。福柯对康德关于理性的公共使用和私下使用的区分的进一步评论，参见GSA，同前，34-38页，以及米歇尔·福柯，"什么是启蒙？"同前，1384-1386页。

40 参见E.康德，《宗教处于单纯理性的局限之中》（1793），J.吉布兰[J.Gibelin]法译本，M.纳尔[M.Naar]校审，巴黎，Vrin，1994年，95, 149（注释1），195-196页。

80 41 福柯于1978年在法国哲学学会的演讲，他只是在讨论会中才这样提到启蒙问题，即把它当作康德感到与之相关的现实，并且康德在文章中还思考此现实是怎么回事。相反，在福柯论述康德和启蒙的所有其他言论中，这个问题却发挥着重大作用，以致于他在1983和1984年间这样说：康德的文章开启了一个批判传统，他建议称之为"我们自己的本体论"，同时这也是"现在的本体论"或者"现实本体论"。参见GSA，22页；另见米歇尔·福柯，"什么是启蒙？"同前，1506-1507页。赋有意味的是，1978年4月，福柯在日本的一次谈话中，他说尼采第一个把哲学定义为这样的"活动，它有助于知道现在，现在正发生的事情"（"现在的哲学，事件的哲学，正在发生之事的哲学"），由此他把"诊断师"的作用赋予哲学家。参见米歇尔·福柯，"哲学舞台"，同前，573-574页。

自我的文化

米歇尔·福柯于1983年4月12日在加州大学伯克利分校所作演讲

在写于公元 2 世纪末的一篇对话录中，琉善（Lucien）给我们介绍了一个叫作赫谟蒂内（Hermotine）的人，此人在路上一边走一边嘟哝。他的一个朋友吕奇努斯（Lycinus）看到他，于是穿过马路问他："你在嘟哝什么？"回答是这样的："我正在极力记住我应该对我的导师说的话。"从赫谟蒂内和吕奇努斯这两个人的对话当中，我们得知赫谟蒂内从师学道已经 20 年了，由于学费昂贵，他都几乎倾家荡产了；我们还得知：赫谟蒂内还需要 20 年才能学成。不过我们也得知课程的主题：赫谟蒂内的导师教他如何以尽可能完美的方式去关注他自己 [1]。我可以肯定地说，你们当中没有一个人是现代的赫谟蒂内，但我敢肯定，你们当中的大部分人都至少见过一个这样的人，他们时至今日还在按规定跟从这类导师，而导师们则收取学生的学费，给他们讲授如何关注他们自己。不过非常幸运，我忘记了这些导师的姓名，无论是在法语、英语或者德语当中。但在古代，人们称之为"哲学家"。

为了说明我为什么对"自我的文化"这一作为哲学和历史问题的主题感兴趣，我想从康德写于 1784 年的一篇短文谈起，这篇短文就是 Was ist Aufklärung？（《什么是启蒙？》）[2]。《柏林月刊》提出了一个问题，康德此文即是他对提问的回答，而对于同一提问，门德尔松早就作了回答 [3]，比康德的回答早两个月。我认为应该相当重视这篇文章。首先有必要强调，经由康德的德国哲学运动，以及经由门德尔松的犹太启蒙运动（Haskala juive），两者同时在同一主题中相遇，这就是"什么是启蒙？" [4]。还应该注意这一类针对现在的哲学疑问 [5]。当然我知道，哲学家们并非第一次提问他们自己的现在，提问现在的历史、宗教或哲学意义。但通常来说，这类问题或者涉及现在和之前的比较，或者通过有待于被揭示的征兆来预告某种未来。一般来说，现在的问题是这样一个问题，其对象涉及衰落或者进步，关系到一个新时代的临近或者预告末日的降临。在康德的文章中，问题是从一般理性史的非常独特的终结这个角度提出的，或者更确切地说，是从我们使用理性的一般历史角度提出的。这样的提问非常有趣，有两

82

个原因。首先，人们往往把某种普遍的理性概念归于 18 世纪，这一假设是正确的。然而 18 世纪也意识到在使用理性方面的历史变化，而康德对这些历史变化所作的描述非常不同于理性的某种单纯进步或者发展。不过，我想还有另外一个理由来重视康德论述启蒙的文章。我想，这篇文章把一种新型问题引入哲学思考领域，涉及性质问题，意义问题，以及哲人在写作，他自己也隶属于其中的这一确切时刻的历史和哲学含义问题。我并不是说，康德之前的哲学家们并未意识到他们的现在，他们并不关注自己的现在。霍布斯、笛卡尔、斯宾诺莎、莱布尼兹，他们都考虑过自己的处境，考虑过当时世界的局势，就像柏拉图和圣奥古斯丁所做的那样。对笛卡尔来说，那是所谓科学的若干失败，对霍布斯来说是英国的政治局势，对莱布尼兹来说则是宗教争论和论战，这些都是他们介入，并试图改变这一局势的原因。

　　我认为康德关于启蒙的问题是另一回事。通过对他所隶属的现实[6] 所作的分析，康德论证了他自己的哲学任务，同时，他也给自己的哲学研究指定了目标，即在理性的自然史，自发史中发挥某种作用。在这篇论述启蒙的短文中，康德提出了一系列问题，我想这些问题即具有现代哲学的特征。这些问题是："作为历史面孔的我们的现实是什么？就我们隶属于这一现实而言，我们是谁？我们应该做什么样的人？为什么必须进行哲学思考，与此现实相关的哲学的特殊任务是什么？"我认为这些问题并未被隐藏，并未被掩埋在这篇相当不知名的文章之中，它们在现代哲学中越来越重要。当年费希特分析法国大革命[7]，并非仅仅因为他对这一非常重要的事件感兴趣，并非仅仅因为他认为必须作出选择，或者成为法国大革命的拥护者或者成为其敌人：他还必须知道他本人是谁，知道他自己的哲学在此事件中的作用是什么。在某种意义上，黑格尔的哲学即在于试图回答这样一个非常简单的问题："当拿破仑在胜利后进入耶拿（Iéna），这一天的含义是什么？"骑在马上的世界灵魂（Weitgeist）[8]。我想这也是奥古斯特·孔德的问题，是尼采的问题，是马克斯·韦伯的问题，也是胡塞尔的问题，至少就其《危机》一书而言。从费希特到胡塞尔，这个问题一直是西方哲学的一大主要方向。我并不想说这些问题已经成为哲学本身，但它们却是两个世纪以来哲学活动的一个持续方面。我还设想，在康德之后的西方哲学中有一个停顿（césure），这并不怎么作为《批判》本身的结果，而是作为"我们现在是谁？"这个历史-批判问题的结

84

果。我想我们可以在 19 世纪初以来的哲学活动范围内找到两个极，这两个极是相互联系的，不能把其中一方归结为另一方。关于其中一极，可以找到以下问题："什么是真理？如何才能认识真理？"。这是作为真理的形式本体论，或者作为对认识的批判分析这一哲学一极。关于另外一极则可以找到下述问题："什么是我们的现实？作为隶属于这一现实的我们是谁？就我们隶属于这一现实而言，我们的哲学活动目的是什么？"。这些问题研究的就是我所谓我们自己的历史本体论，或者叫思想批判史 [9]。

我在第二类问题的范围内对疯癫或者对医学，对犯罪和惩罚，或者对性进行了若干历史研究。当然，要研究我们自己的历史本体论，有好几种方法，总是有好多种方法。不过，我认为关于我们自己的所有本体论历史都必须分析三大类关系：我们和真理的关系，我们和义务的关系，我们和自己以及他人的关系 [10]。或者换句话说，要回答"我们现在是谁？"这个问题，我们必须认为我们是会思维的人，因为我们是通过思想才成为寻找真理的人，才是接受或者拒绝义务、法律、强制，并和自己和他人发生关系的人。我的目的不是回答一个一般的问题："什么是会思维的人？"我的目的是回答这样一个问题:"我们的思想史——我是指我们和真理,和义务,和我们自己以及他人的关系——如何把我们变成我们现在所是的这个样子?"简单地说就是:"我们如何才能分析我们通过自己的思想史形成我们自己的那种方式?"而所谓"思想",并不是专指哲学,不是专指理论思想,也不是专指科学认识;我并不想相对于人们所做的来分析他们所想的,我要分析的是当他们在做所做之事的时候所想的[11]。我要分析的就是他们赋予自己行为的含义,他们如何把自己的行为纳入一般的战略,如何把他们认可的合理性类型纳入他们的不同实践,纳入他们的机构,他们的模式和他们的行为[a]。当我研究疯癫和精神病学,研究犯罪和惩罚的时候,我倾向于把重点首先放在我们和真理的关系之上,然后放在我们和义务的关系之上。当我现在研究我们的性体验的构成时,我越来越倾向于关注和自我的关系,这些关系通过自我的技术而被制作,我也关注这些技术[12]。

为了研究这些自我的技术,我想选择一个我认为在古希

85

---

a 手稿: 我的问题即在于通过社会实践、机构、行为类型来分析和真理的关系,和法律以及义务的关系,和我们自己的关系。

腊 - 罗马文化中非常重要的概念作为出发点。我想在今天晚上就试着给你们简单介绍一下与此概念相连系的问题，或许在未来几个星期的会议和研讨班期间，我们能够就此介绍作一个初步总结[13]。我选择作为出发点的概念，希腊人叫作epimeleia heautou，拉丁人则叫作 cura sui[14]。要翻译这些词还不太容易，但我还是尝试一下：epimeleia heautou 类似于"关怀自己"（le souci de soi）。epimeleisthai heautou 的字面意思即意味着关心自己。这一应该关怀自己，关心自己的格言，应该 epimeleia heautou 的这一格言，它曾经是希腊人和罗马人的一大重要伦理原则，是他们生活艺术的一大主要规则，这一规则盛行了将近一千年。

我们现在就来看一下这一漫长历史中的若干重大时刻。首先是苏格拉底本人。在柏拉图所写的《申辩篇》中，我们看到苏格拉底在法官面前即表现为关注自己的大师。他招呼路人，并对他们说："你们关心你们的财富，关心你们的名声，关心你们的荣誉，但你们却不关心你们的德行，也不关心你们的灵魂。"苏格拉底关心他的同胞们，让他们能够关注他们自己：他认为这一使命是神赋予他的，而只要他一息尚存，他就决不放弃[15]。

八个世纪之后，关注自己，epimeleia heautou 的同一概念又出现了，那是在尼撒的贵格利（Grégoire de Nysse）这位基督教作者那里，它的作用依然非常重要。不过，此概念在尼撒的贵格利那里具有完全不同的含义。尼撒的贵格利借用这个词来指这样一种意念（mouvement），人们通过此意念去拒绝婚姻，摆脱肉欲，并借助于心灵的纯洁去重新获得被剥夺的永恒[16]。在《论贞洁》一文的另一段落中，尼撒的贵格利把丢失古希腊银币的比喻视为关注自己的典范。当您丢失一枚古希腊银币，您会点亮一盏灯，搜查整个房子，不放过每一个角落，直到您在黑暗中看到闪闪发亮的银币。同样道理，要重新找到上帝在我们的灵魂中刻上的人头像，而身体却使人头像黯然无光，我们必须关注我们自己，点亮理性之灯，在灵魂的每一个角落中寻找[17]。

在苏格拉底和尼撒的贵格利这两个极端的参照点之间，我们可以注意到：关注自己不仅始终代表了一个原则，而且还代表了一个非常重要的实践。这些哲学家声称是生命的顾问和人生的导师，在他们这里，关心自己几乎是一项被普遍接受的原则。伊壁鸠鲁学派人士就在他们的老师之后不断重复：要关注自己的灵魂，从来不会太早，也不会太晚。有一个斯多葛主义者叫穆索尼乌斯·鲁富斯（Musonius Rufus），他也宣称："只有始终关注自己才能确保自己的拯救"[18]；塞涅卡也说过："你应该关注你的灵魂，关注你自己，不要浪费时间，你应该回归你的自我，并在那里安居。"[19] 普鲁萨的迪翁（Dion de Pruse）有一次讲话，论述必须 eis heauton anachôrêsis，必须回归自我[20]；盖伦（Galien）认为需要花费必要的时间来培养一个医生、一个雄辩家或者一个语法学家，但他认为必须花费更多的时间才能成为一个完美的人，他说："必须年复一年地学习关注自己。"[21] 爱比克泰德（Épictète）在他的一篇《谈话录》（Diatribai）当中给人下了这样一个定义："人是自然界当中唯一必须照顾自己的种类。"[22] 大自然给动物提供了它们所需要的一切；人类却没有同样的自然装备，但我们必须懂得：照顾我们自己也是赋予我们的一个附加恩惠。神灵把我们托付给我们自己，并通过这一方法使我们有可能，并有义务是自由的。对爱比克泰德来说，关注自己（epimeleia heautou）在本体论意义上即和人类的目的相连系，它就是自由的实践形式。人类只有在关照自己的时候才变得与神灵相似；神灵除了关注自己，无需做任何别的事情。

现在对我们来说，关注自己这个概念已经模糊不清，变得难懂。它似乎被苏格拉底的箴言"认识你自己"（gnôthi seauton）遮盖住了，或者被意味着忘我（renoncement à soi）的基督教禁欲主义原则遮盖住了；以致于如果有人问我们，什么是古代哲学最重要，最典型的道德原则，我们头脑中立刻出现的回答不会是 epimele seautou，"关心你自己"，而是如你们所知道的 gnôthi seauton，"认识你自己"。也许我们的哲学和历史传统有些过高估计 gnôthi seauton（认识你自己）的重要性。我们应该记得，在古代文化中，认识你自己这个规则事实上总是和关注自己的原则相连系，更有甚者，认识你自己被认为是关心自己的一个手段[23]。当我们思考基督教禁欲主义的时候，我们通常会强调忘我的原则，我们忘记了在早期基督徒的某些宗教体验中，比如在尼撒的贵格利那里，忘我正是关心自己的一种方式，或者至少是"关注自己"这一古老哲学原则的一种新形式。我想我们应该意识到：认识你自己和禁欲主义，这两种西方自我体验的两大形式都扎根于关注自己这一古老传统之中——在希腊 - 罗马文化中，关注自己既是一个概念，也是一句箴言，一种态度和一种技术：一种自我体验的实践母体。从巴门尼德到亚里士多德，中间还有柏拉图，大部分研究古代哲学的史学家们都对这一时期

88

的本体论和形而上学发展感兴趣。大部分研究希腊科学的史学家们都对经由数学和宇宙论的理性思维发展感兴趣。我认为还有必要研究希腊 - 拉丁的这一自我文化中某类主体性和某种自我关系类型的发展。希腊的形而上学对我们和存在的哲学关系具有决定性意义；希腊的科学对我们和世界的理性关系具有决定性意义；我想，希腊 - 罗马文化对我们和自己的伦理关系也具有决定性意义。我的梦想，如果我能够找到对同样的主题感兴趣的人，那就是对西方社会中的这些自我的技术[24] 做一番历史分析，而且从希腊文明的初期开始[25]。

今天晚上，我的目的就是向你们介绍一项非常简要的研究，对象是希腊文明，希腊 - 罗马文明中这一自我文化的若干方面。我将仅仅考察这一自我文化的两个方面，一个是在公元前 4 世纪，另一个在公元最初两个世纪。

人们有时候说，希腊 - 罗马社会中的自我文化和古老的政治和社会结构的瓦解相连系：城邦的衰败，古老的传统贵族的衰败，专制政体的发展，私人生活不断增长的重要性，这些都有可能促进了所谓个人主义的发展。不过我的假设，就是这些历史过程，如果真的发生过，它们可能在自我的文化中导致某些变化，但它们本身却不是赋予关注自己以巨大价值的理由 [26]。关注自己至少从公元前 4 世纪起就非常有名，极受推崇。譬如说，按照普鲁塔克的说法，据说有一个人问斯巴达的一个国王，为什么斯巴达人不耕种自己的土地，却让希洛人来耕种，国王这样回答："我们不耕种我们自己的土地，因为我们更喜欢关注我们自己。"[27] 在色诺芬的《居鲁士的教育》(*Cyropédie*) 中，我们看到居鲁士（按照色诺芬的意思，这是一个伟大国王和一个完美者的典范），在取得几次重大胜利，几次重要征战之后回到他的王宫；他找到他的一些老朋友和伙伴，问他们："那么我们现在要干些什么呢？"居鲁士自己作了回答。回答不是："我现在要关注，或者我们现在要关注新的帝国。"他说："现在我们已经取得了胜利，现在我们要关心我们自己。"[28] 自我的文化并不是由古典城邦的衰弱才引起的一种现象；这种现象很早就产生了，它在古代就已经有了若干形式。

"你应该关心你自己"，对此原则的第一次哲学描述出现在柏拉图所写《阿西比亚德篇》的一段对话中 [29]。新柏拉图主义者们认为，在柏拉图著作的安排中，这一篇对话应该排在第一。阿勒比尼斯 (Albinus) 是一位生活在公元 2 世纪的新柏拉图主义者，他就说过："所有具有自然天分的年轻人，一旦到了能够进行哲学思考并实践美德的年龄，他们首先就应该学习《阿西比亚德篇》。普罗克洛（Proclus）就把这篇对话录视为 archê apasês philosophias，即所有哲学的根源和出发点，因为这篇对话录教育人们关怀他们自己[30]。事实上，尽管这篇对话录后来还有一个副标题，叫做 Peri anthrôpinês phuseôs（"论人性"），但整个对话录的主题和内容却是"关注自己"。苏格拉底努力说服阿西比亚德，让他关心自己。对"关注自己"的这一分析，我只想强调三点，或者四点。

第一点：为什么阿西比亚德应该关心他自己？苏格拉底给出的理由是：他正处在其生命的转折期。阿西比亚德并不满足于他的出生，他的财富，以及他的地位给予他的特权。他明确地说，他不愿在享受这一切当中度过自己的人生（katabiônai）。阿西比亚德意欲胜过城邦的所有人，在外部则胜过斯巴达国王和波斯君主。可是阿西比亚德却很早就显示他无法获得成功，因为他没有接受过所有斯巴达年轻人都享有的良好教育。他被托付给一个完全无知的老年奴隶，他甚至不知道"正义"、"和谐"是什么意思。当阿西比亚德发现自己是多么无知，他感到无比难堪。他很失望。不过苏格拉底介入了，他对阿西比亚德说了这样一件重要的事情："如果你已经 50 岁了，情况就会令人担忧，因为太晚了。如果你还非常年轻，这正好是你应该关注自己的时候，关心你自己。"因此，正如你们所看到的，关心你自己这个义务首先是和年轻人的年龄，和他治理城邦的计划，以及和某种有缺陷的教育相连系。

但阿西比亚德如何才能关注他自己呢？没有任何人准备帮助他，至少在他非常年轻时就拥有的那帮仰慕者当中。现在，当对话开始的时候，阿西比亚德已经过了 16 岁或者 17 岁，他已经长大，他的脸上长着胡须，他不再令人爱慕。正因为这个原因苏格拉底出现了：苏格拉底对阿西比亚德有一种哲学之爱，他能够帮助后者关注他自己。所以，正如你们所看到的，关心你自己可以说直接和个人间关系，和导师对弟子的个人和哲学之爱相连系。不过，苏格拉底和阿西比亚德还必须明确地说明什么是"关注自己"，"关注自己"包含什么内容。苏格拉底解释说，自己不是任何别的什么，就是灵魂，而关心灵魂意味着发现灵魂实际上是什么。因此就必须冥想其灵魂，或者最好冥想作为灵魂实在的神灵因素。

总之，我们在《阿西比亚德篇》中（首先）注意到，关注自己明显地和一位年轻贵族的政治抱负相连系：如果你想要治理他人，那么你必须首先关注你自己。其次，关注自己和某种有缺陷的教育相连系：你必须关注你自己，因为你的教育无法告知那些你需要知道的东西。第三，关注自己还和年轻人和导师之间的情欲和哲学关系相关，它主要采取灵魂自我冥想的形式。

　　我认为，希腊-罗马文化在公元初两个世纪中表现出来的自我文化，它完全不同于我们在阿西比亚德，在苏格拉底和柏拉图那里遇到的自我文化。和苏格拉底的"关注灵魂"（epimeleia tês psuchês）相比较，由塞涅卡、普鲁萨的迪翁、爱比克泰德、普鲁塔克、马可·奥勒留、盖伦等人所实践的自我文化，在我刚才列举的数点上显得不同。因此，可以把它看作是朝着后来的基督教自我工艺发展的一个重要阶段。这种新的自我文化，或者一部分是新的，我们在公元最初两个世纪的希腊-罗马文化中可以看到，这一新的自我文化意味着：1) 一种和自己的永久关系，而不仅仅是为了准备成为一个好的城邦治理者。2) 它意味着一种和自己的批判关系，而不仅仅是弥补某种有缺陷的教育。3) 它意味着一种和导师的权威关系(而不是一种情欲关系)。4)它意味着一整套实践，禁欲主义的实践，非常不同于对灵魂的纯粹冥想。我想这四个观念，即和自己的永久关系，和自己的批判关系，和他人的权威关系，由此来关注自己，还有关注自己不仅仅是纯粹的冥想，而是一整套实践这一观念，这一切不仅仅是公元最初两个世纪自我文化的特征，也是基督教关注自己，在某种意义上就是我们自己的自我文化的特征[31]。

第一点，关注自己应该是一种和自己的永久关系。你们还记得，苏格拉底建议阿西比亚德利用青春时光来关注自己，如果到了 50 岁，那就太晚了。伊壁鸠鲁则相反，在苏格拉底之后，他相当早就开始写作，那是在公元前 3 世纪，伊壁鸠鲁说："年轻的时候，应该毫不犹豫地进行哲学思考，老年的时候，应该毫不犹豫地进行哲学思考。要关心自己的灵魂，这从来不会太早，也永远不会太晚。"[32] 持续终身地关注自己这一原则极其明显地占据了优势。比如穆索尼乌斯·鲁富斯 (Musonius Rufus) 就说："如果要过有益健康的生活，那就必须不断地保养自己。"[33] 盖伦则说："要成为一个完美的人，可以说每个人都需要终生练习"[34]，不过最好还是从很年轻的时候起就关注其灵魂。一个事实就是：塞涅卡或者普鲁塔

92

克给他们的朋友们提出忠告，但接受忠告的不再是苏格拉底交往的那些雄心勃勃而又招人爱慕的年轻人 35。他们是男人，有时也有年轻人 (譬如塞里努斯 [Serenus])，有时是成年人 (譬如卢奇利乌斯 [Lucilius]，当塞涅卡与此人就修道问题进行长时间通信时，此人担任西西里岛财政长官这一重要职务)。爱比克泰德给年轻人办了一所学校，这是事实，但他有时候也有机会对成年人讲话，甚至对执政官讲话，向他们重提关注自己的任务。马可·奥勒留整理他的笔记，当他这样做，他在履行皇帝的职责，可对他来说，问题在于帮助他自己。关注自己并不是一时为人生所作的简单准备工作，这就是一种生活方式。阿西比亚德就意识到他应该关注自己，因为他在将来要关注他人。而现在，重要的是关注您自己，为了您自己。

由此就产生了一个重要观念，即改变对自己的态度，返回自身 (ad se convertere)，这是生存运动的一个观念，人们通过此运动返回自己，把自己当作最终目的。你们可能会对我说，"回归自身" (epistrophê)，这是一个典型的柏拉图主题。但是，就像我们在《阿西比亚德篇》中所看到的，灵魂转向自身的运动也是目光被引向光明的运动，目光被引向实

在，引向神灵因素，引向本质，引向本质在其中变得可见的
超天体世界。但塞涅卡、普鲁塔克或者爱比克泰德要求人们
去做的返回，此返回完全不一样[36]。可以说，这是就地转半圈，
除了安居自身，并在自身留下来，没有别的目的，没有别的
终点。回归自己的最终目标就是建立与自己的若干关系。有
时候这些关系按照法律 - 政治模式来设计：目的在于成为自
己的主人，在于完全控制自己，在于完全独立，完全自主 (fieri
suum，如塞涅卡经常说的那样)。这些关系也时常按照享受
财富的模式来表现：享有自己，自得其乐，在自身感到心满
意足。在这种思想形式中，在这类自我的文化形式中，和自
我的关系可以说被引向某种内在的目的。

第二个重要差别涉及教育。在《阿西比亚德篇》中，关
注自己之所以必须，那是因为教育有缺陷，关注自己补充并
取代了教育；不管怎么说，问题在于进行培养。一旦关注自
己变成一项成年人的实践，并且必须终身奉行，它的教育功
能趋于消失，其他的功能出现了。

首先有批判的功能。自我的文化必须使人不仅获得新的
认识，而且最好能够使人摆脱所有坏习惯，摆脱来自众人，
来自误人弟子的导师，也来自父母亲和身边人的错误意见。

忘掉，de-discere，这也是自我发展的一项重要任务。

不过（自我的文化）还有一项斗争功能。自我的实践现在被视为一种永久的战斗。问题不再仅仅是为了将来而培养一个有价值的人；必须给个人提供武器和勇气，使他能够战斗一辈子。你们无疑知道有两个比喻是极其常用的：竞技摔跤（每个人在生活中都是摔跤者，他必须一个接一个地打败对手，即使他不再摔跤，他也必须坚持训练）；战争比喻（应该把自己组织得像一支军队，而军队在任何时候都有可能受到敌人的攻击）。还在古代的异教时代，灵魂的精神战斗，灵魂的精神摔跤这一大基督教主题就已经成为自我文化的一项基本原则。

94　　　不过，这一自我的文化尤其还具有祛病和治疗的功能[37]。它更接近于医疗模式，而不是教育模式。当然有必要回顾一下希腊文化的若干非常古老的情况：有一个概念叫 pathos，此概念既意味着灵魂的激情，也意味着身体的疾病；比喻领域非常广泛，人们可以把"治愈"、"治疗"、"截肢手术"、"在皮肤上切开口子"、"净化"等用语既用于身体，也可用于灵魂。应该记得伊壁鸠鲁派、犬儒派、斯多葛派有一个常用原则，按此原则，哲学的作用就是治疗灵魂的疾病。普鲁塔克有一天就说：哲学和医学构成了 mia khôra，即同一个范围，同一个领域[38]。不过，我还想强调医学和自我的文化之间的实际关联。爱比克泰德就不愿意他的学校仅仅被认为是一所学校或者一个培训基地。他还想让他的学校成为一个治疗诊所，即他所谓的 iatreon；他希望他的学校成为一个灵魂的诊所，他要他的学生们都意识到他们是病人。他说，有一个学生的胳膊脱臼了，另一位有脓肿，有一位患瘘疾，还有一位患头痛病。他们所有人都想学习三段论。但他们首先需要进行医学治疗。他们必须治疗他们的创伤，他们必须止住身上流出的液体，他们必须让自己的精神安静下来[39]。反过来，像盖伦这样的医生，他认为治疗灵魂，摆脱激情，也就是摆脱不服从理性的混乱能量，也摆脱来自错误意见的谬误，这也是他的职责所在。在其《论灵魂的激情》一书中，他就夸耀他的成功治愈案例。他治愈了他的一位易怒伙伴，他还治愈了一位年轻人，此人的灵魂时常被一些无足轻重的事件所干扰[40]。现在，所有这些观点都显得很平常，事实上它们也的确很平常；但依我看，对于西方的主体性历史来说，把握自我的体验和治疗实践之间的最初联系却非常重要。治疗实践和体验，自我的内在体验，它们在什么时候，在什么条件

95

下相互联系在一起，把握这一点是重要的。

现在我想谈第三点，我刚才已经说过。《阿西比亚德篇》中的关注自己和帝国时代文化中的自我实践，我想快速地提一下它们之间的第三个重要差异。正如你们所记得的，在柏拉图的对话中，和导师的情欲－哲学关系是很重要的。这种关系构成了这样一个环境，苏格拉底和阿西比亚德一起联手负责年轻人的灵魂。在公元第一和第二世纪，和自我的关系仍然被认为建立在和导师，和指导者的关系之上，或者不管怎么说，建立在和他人的关系之上，但（这种关系）越来越独立于爱欲关系[41]。人们通常认为，没有他人的帮助就不能关注自己。塞涅卡就说过，任何人都没有强大到足够摆脱他所处其中的愚蠢（stultitia）状态[42]。但学生和导师之间必然的关系可以说是技术关系，有时是行政和制度上的关系，和情欲关系毫无瓜葛。有些是严格意义上的学校组织，比如爱比克泰德的学校。在此学校内有一系列等级关系，有一系列不同的培训。除了那些选择更长课程的学生，人们还接受临时的听众，同时还有为那些希望成为哲学家和灵魂导师的人开设的课程ᵃ；由阿里安（Arrien）收集的若干谈话录就是给未来的自我文化实践者开设的技术课程。尤其在罗马，还可以找到一些私人顾问，他们在大人物身边，作为后者的团队成员或者受保护人。你们可以看到，这和情欲没有丝毫的关系。

最后一点。不应该设想这种自我的文化，它仅仅在于由个别哲学家和灵魂专家给一小部分学生提出一些抽象建议。也不应该设想这种自我的文化仅仅是一种道德态度。这是一项非常广泛的实践，包括一系列极其不同的活动、技术和工具。可惜我没有时间在这个主题上展开。我只想举一个例子，由此强调书写在自我的文化中的重要性⁴³。人们通常认为，个人的书写是一个现代发明（也许是 16 世纪或者宗教改革带来的新事物）。其实，通过书写来建立和自我的关系，这在西方具有非常悠久的传统。我认为，可以注意到一种转移，即从记忆的文化，此文化在苏格拉底的态度中还占据着重要地位，转向希腊 - 罗马时期文化中的书写和笔记实践。这个时期的自我文化包括使用个人笔记本，人称 hupomnêmata。在这些个人笔记本中，您应该记上您的阅读，您的谈话，以

96

---

a 鉴于行文晦涩，我们按手稿改正了这句话。

后有待思考的主题；您还必须记录您做的梦，记上您在日常生活中的时间安排。

写信也是自我的实践中一件重要事情，因为在信中，您必须同时维持和您自己的关系，和他人的关系，这个他人可能是导师或者朋友，或者您给他提出建议的那个人，而您给出的建议对他、对您都是有效的。就在这些实践广泛流行的时候，也恰恰由于这个事实，自我的体验也似乎进一步强化和扩大。自我变成了一个观察场所。塞涅卡和小普林尼（Pline）的信件，马可·奥勒留和弗隆顿（Fronton）之间的通信，这些都显示了涉及对自己应有的关注时那种警觉和谨小慎微。这种关注经常涉及日常生活中的细节，身体和情绪的细微变化，身体上感受到的略微不适，精神的波动，所读之书，还记得的语录，对某一事件的思考。和自我产生关系的某种方法，还有一系列体验领域，这些都很明显，而它们并不见于之前的材料当中。

就此而言，埃里乌斯·阿里斯提德（Aelius Aristide）所著《神圣故事》[44] 就是一个值得注意的证据。埃里乌斯·阿里斯提德所写的这些文字表达了他对阿斯克勒庇俄斯（Asclépios）这位健康之神的感恩。事实上，埃里乌斯·阿里斯提德患病达十年之久；但令人感兴趣的是，就在这些文字当中，他对救他一命的神灵表达感恩之情，他还记述了他在十年当中所做的很多很多的梦。这本书在它最初的形式中，有多达三十万的词句，这是一部真正的私人日记，不仅涉及埃里乌斯·阿里斯提德的疾病，还包括他每日每夜的生活。在对神灵表达感恩这一传统举动中，埃里乌斯·阿里斯提德记录了他的疾病、他的不适、他的痛苦、他的各种感受、他的预知梦，还有一些梦则给他提出建议，告知他需要尝试什么药方等。我们是否在此遇到了极端的疑心病症状？可以这样肯定。但问题不在于知道埃里乌斯·阿里斯提德在何种程度上是个病人。重要的是辨认出他的时代文化给他提供了什么方法，让他来表达他对疾病的个人体验，并把这种体验转告他人。

请原谅我在此讲得太快了。我想提示一下，在那个时代，即在罗马帝国初期，关注自己这个主题并不存在于某个哲学理论当中；这是一个普遍的箴言，也是一项真正的实践。这项实践有它的机构、规则、方法、技术、练习；这也是一种体验，个人体验的模式，这是一种个人的体验，也是一种集体的体验，有它的方法和表达形式。正因为这个原因，我想可以来谈论那个时候的"自我的文化"。

最后，我想我们应该回答一个合理的问题。如果真像我刚才所说的，关注自己以及与之相关的所有技术在古代文化中有着如此重要的地位，那么这一主题表面上看来怎么就消失了，或者似乎消失了？说得简单些，人们怎么记得把"认识你自己"说成是古代思想的最高表述之一，却忘记了在很长时间中都很重要的另一原则，那就是"关注自己"，"关怀你自己"？似乎可以给出好几个原因[45]。第一个原因就是基督教禁欲主义的伦理悖论。在这类禁欲主义中，关注自己以牺牲的形式出现：忘我就是我们应该在自己身上所作修行的主要目的。第二个原因，大部分自我的技术都已经被纳入到我们的社会之中，纳入到教育、教学、医疗和心理学技术之中。自我的技术被纳入到权威和规训结构之中，或者被公众观点、大众媒介、民意调查技术取代和改变了——这些东西的作用就是它们形成了我们对他人以及对我们自己的态度——以致于自我的文化现在已经通过他人而被强加于人，它丧失了自己的独立性。第三个原因，我想人文科学的假设就是：和自我的主要的，基本的关系，应该主要就是一种认识的关系。第四个原因，也是最后一个原因，人们通常认为必须做的，那就是揭露、解放、发现自我的隐蔽实在。但我认为，自我

98

不应该被视为可能被掩盖的一个实在；我想，自我应该被看作是我们历史上发展起来的技术的相关物。于是，问题就不在于拯救自我，不在于"解放"自我，而在于考虑如何才能设想和我们自己关系的新类型、新种类[46]。

99 **注释**

1 琉善，《赫谟多洛或学派》，见《琉善全集》，卷一，E. 塔伯特（E.Talbot）法译本，巴黎，Hachette，1866 年，289-334 页。1982 年 1 月 20 日，福柯在法兰西学院讲授"主体解释学"一课时就已论及琉善的这篇文字，他在《关注自己》中再次论及，但较简短。参见 HS，89-90 页；SS，64-65 页。

2 参见 E. 康德，"对'什么是启蒙？'这个问题的回答"，同前。

3 参见 M. 门德尔松，"什么是照亮？"，《启蒙：德国启蒙运动》，G. 罗莱（G.Raulet）版本，巴黎，Flammarion，1995 年，17-22 页。

4 关于哲学启蒙和哈斯卡拉运动，即"犹太启蒙运动"的结合，见 GSA，10-11 页；米歇尔·福柯，"什么是启蒙？"，同前，1382。关于哈斯卡拉运动，另见 F. 格罗，GSA，23 页，注释 12。

5 从哲学角度提问现在、现实、"今天"——提问历史上此时此刻我们是什么人——并由此提问的出现来讨论康德的文章，这无疑是福柯论述"什么是启蒙？"的一系列文章中最常见的内容。参见"米歇尔·福柯的导言"，同前，431 页；"一种令人不快的道德"，同前，783 页；"主体和权力"，同前，1050-1051 页；"结构主义和后结构主义"，同前，1267 页；"什么是启蒙"（What is Enlightenment？），同前，1381-1383 页，1386-1387 页；"什么是启蒙？"（Qu'est-ce que les Lumières？），同前，1498-1501 页；"生命：体验和科学"，同前，1584-1585 页；"个人的政治工艺"，同前，1632-1633 页；GSA，12-16 页。在 1979 年 10 月斯坦福"坦纳讲座"的一次讨论会上，此提问也是福柯的一个回答中心："我要说的，那就是我感到我和某些德国思想家有着某种深刻的相似性，尤其是和法兰克福学派的成员。我认为在德国和法国，一大最重要，也贯穿始终的哲学问题就是启蒙，就是 Aufklärung 的问题，就是 18 世纪下半叶，当社会和文化，科学和文学，合理性体系和权威体系发生了什么事情的问题。'什么是 Aufklärung？'，'什么是启蒙？'：这意味着什么？由此导致了什么

100 样的后果？我认为这始终是一个最重要的哲学问题。应该记住，康德在 1784 年写了一篇非常有趣的文章，题目是'什么是 Aufklärung？'，我想，这是西方思想史上一位哲学家首次提出这个问题：今天发生了什么？把这类问题，把'今天'作为哲学范畴引进哲学领域，这是一件非常重要，非常奇异的事情，对我们的哲学史具有决定性意义。在此之前，笛卡尔、斯宾诺莎或者莱布尼兹，甚至像霍布斯或者休谟这些对自己的历史，对自己所在社会深感兴趣，并且比斯宾诺莎或者笛卡尔更加介入政治问题的人，他们当中没有一个人从哲学上引进并提出这样一个问题：今天

发生了什么？'今天'是怎么回事？我们的现实是什么？我们是谁？我们如何才是我们自己的当代之人？这个问题就是康德的问题，在某种意义上，我想可以从'什么是 Aufklärung？'这个问题来重新评价康德，甚至重新评价他的三大'批判'；可以说，甚至《纯粹理性批判》在某种意义上也是对'什么是 Aufklärung？'这个问题的一种回答，我认为可以证明《纯粹理性批判》是对此问题的一个回答。黑格尔的《精神现象学》不是别的什么，就是对'什么是 Aufklärung？'的回答，差别只在于 Aufklärung 就是世界的整体历史。但问题是：现在发生了什么，和我们同时代的事实和世界意味着什么？当然，这也是尼采的问题。尼采的整个哲学，尼采的所有著作都在于诊断在当今世界发生的事情，都在于诊断'今天'是怎么回事。我认为这类问题，既是历史的，也是政治的问题；既是历史的，也是现实的问题，这个问题作为哲学问题，它就是 19 世纪和 20 世纪德国思想的突出特征；我认为若干法国思想家（福柯可能想到了柯瓦雷、巴什拉、卡瓦耶斯和康吉莱姆；参见米歇尔·福柯，"米歇尔·福柯的导言"，同前，432-433 页；"生命：体验和科学"，同前，1586 页），他们以同样的措辞提出了哲学的问题。至少就我来说，如果让我说自己属于哪一家哲学，那么我会说属于这样一家，它由所有把'今天'的意义问题，或者把诊断现实作为主要哲学问题的哲学家组成。在此意义上，譬如说我感到自己和法兰克福学派的成员非常接近，尽管我并非在每一点上都赞同他们。我试图做的一切当然和法兰克福学派有分歧。譬如说关于监狱的主题：如果说我写了一本关于监狱的书，那是因为基尔施海默（Kirschheimer）和吕什（Ruche）的著作（参见 G. 吕什，O. 基尔施海默，《刑罚和社会结构》，纽约，Columbia University Press，1939 年；F. 拉罗什 [F.Laroche] 法译本，《刑罚和社会结构：司法制度史和"批判理论"》，Éditions du Cerf，1994 年），它很不错，也很有趣，但在有些方面我不满意。但这却是我的家庭，我的哲学家庭。我还要说，海德格尔也是这样一位哲学家，他的主要哲学问题也是'什么是 Aufklärung？'。或者，换句话说，此时此刻，我的现在，我在写这个问题的时刻，什么是此刻的意义，历史意义或者超历史意义？思想现实，以及思想现实和思想史上某个遥远事件之间的关系，我想这就是某种非常特殊的东西。"另见米歇尔·福柯，"和米歇尔·福柯的讨论"，IMEC/ 米歇尔·福柯资料库，D250（8），40-41 页："我尤其认为，有些人隶属于这一批判态度，我也在他们当中，此态度大致上得之于 Aufklärung：也就是说，有一个哲学任务就是批判地分析现在。哲学的作用通常是不断变化的，其作用是批判地分析我们所是之人。在此范围内，我把自己完全视为 Aufklärung 的继承人，这不是出于个人的选择，而是因为我认为情况就是那样的，我们的现在依然是那样造成的。"

6　在这里和之后的文字中，福柯一直用法语来读这个词。

7　参见 J.G. 费希特，《纠正公众对法国大革命评价的若干思考》(1793)，J. 巴尔尼（J.Barni）法译本，巴黎，Payot，1989 年。福柯在法兰西学院讲授"治理自己与他人"的第一课中说，康德在其论述启蒙的文章发表 14 年之后再次提出现实的问题，这一次涉及法国大革命："什么是大革命？"。参见 GSA，16-21 页；米歇尔·福柯，"什么是启蒙？"，同前，1501-1506 页。

8　G.W.F. 黑格尔，"1806 年 10 月 13 日致尼特哈默尔的信"，见《黑格尔通信集》，卷一，J. 卡雷尔（J.Carrère）法译本，巴黎，Gallimard，1990 年，114 页："我看见皇帝——这个世界灵魂——离开城市去视察；看到这样一个人，真有一种美妙的感觉，他坐在马上正关注于一点，展望世界并统治了世界。"

9　福柯在法兰西学院讲授"治理自己与他人"的首次讲课中，他以相似方式说，康德建立了"两大批判传统，而现代哲学即要兼顾这两个方面"：一方面，"哲学的批判传统提出了真实知识之所以可能的条件问题（即福柯所谓"真理的分析"）；另一方面，批判传统提出了现实问题，以及"现实的可能体验领域问题"（福柯称之为"现在的本体论，现实的本体论，现代的本体论，我们自己的本体论"）。参见 GSA，21-22 页。另见米歇尔·福柯，"什么是启蒙？"，同前，1506-1507 页。在其 1984 年发表于美国的论述康德和启蒙的文章中，福柯谈到"我们自己的历史本体论"，以及"我们自己的批判本体论"，也就是一种"态度"，一种"可定义为不断地批判我们历史存在的哲学习性"。参见米歇尔·福柯，"什么是启蒙？"（What is Enlightenment ？），同前，1390，1393，1396 页。在福柯于 1983 年秋在加州大学伯克利分校所作的系列演讲中，他把"如何确信一个陈述是真实的？"这个问题归结到真理的分析传统，然而"说真话有什么重要，谁能够说真话，为什么我们应该说真话，为什么我们应该认识真话并辨认出谁能够说真话？"这个问题，按福柯之见，则处于"我们可以称为我们社会中哲学批判传统的根部和基础之中。"所以，"通过分析说真话（parrêsia）这个概念"，福柯说他想"勾画出我们可称为我们社会中批判态度的谱系。"参见米歇尔·福柯，《话语和真理》，IMEC/ 米歇尔·福柯资料库，C100（2）和 C100(11)。

10　在其论康德和启蒙，并于 1984 年发表于美国的文章中，福柯提到"三个中心"，必须从"我们自己的历史本体论"这个角度"来分析其独特性和复杂性"："知识中心，权力中心，伦理中心"。参见米歇尔·福柯，"什么是启蒙？"（What is Enlightenment ？），同前，1395 页。1983 年 4 月，福柯在伯克利分校与休伯特·德雷弗斯（Hubert Dreyfus）和保罗·拉比诺（Paul Rabinow）讨论，他以相似的方式说："谱系学有三个可能的方面。首先，在与真理的关系中我们自己的历史本体论，我们在其中把自己构成为认识主体；(第二)权力关系中的历史本体论，我们在其中把自己构成为作用于他人的主体；第三，伦理关系中的历史本体论，我们在其中把自己构成为我们自己道德行为的主体。"参见米歇尔·福柯，"和米歇尔·福柯的讨论"，IMEC/ 米歇尔·福柯资料库，D250 (9)，1 页。

11 参见米歇尔·福柯，"《性史》序言"，同前，1398-1400 页。关于福柯相对于"观念史"而言的"思想 (批判) 史"计划，可参见米歇尔·福柯，"论战，政治和问题化"，同前，1416-1417 页；"福柯"，DE2，文章编号 345，1450-1451 页；"关注真理"(和 F. 埃瓦尔德 [F.Ewald] 的谈话)，DE2，文章编号 350，1487-1488 页。

12 参见 OHS，37-39 页。另见米歇尔·福柯，"性和孤独"，DE2，文章编号 295, 989-990 页；"自我的技术"，DE2，文章编号 363，1604 页；"个人的政治工艺"，同前，1633 页。

13 福柯主要指三次讨论会，这是福柯在加州大学伯克利分校演讲之后由哲学系、历史系和法语系分别举办的，讨论会见本书。

14 自福柯在法兰西学院讲授"主体解释学"的首次讲课之后，他明确地把"关注自己"(epimeleia heautou) 这个概念置于他的历史 - 哲学调查的中心 (参见 HS，4 页下)，此概念贯穿了他最后的大部分研究，直至 1984 年 6 月《性史 (卷三)：关注自己》的出版。

15 柏拉图，《苏格拉底申辩篇》，30a-c，M. 克鲁瓦塞 (M.Croiset) 法译本，巴黎，Les Belles Lettres，2004 年，157-158 页。从关注自己的角度分析《苏格拉底申辩篇》中三个段落，见 HS, 7-10 页。福柯于 1983−1984 年度在法兰西学院的讲课中也谈到《申辩篇》，只是苏格拉底的"说真话"成了他分析柏拉图文字的中心。参见 GSA，286-300 页；CV，68-84 页。

16 参见尼撒的贵格利，《论贞洁》，XIII，M. 奥比诺 (M.Aubineau) 法译本，"基督教渊源"，巴黎，Éditions du Cerf，1966 年，423-431 页。见 HS，12 页；米歇尔·福柯，"主体解释学"，DE2，文章编号 323，1172-1173 页；"作为自由实践的自我关注伦理"，同前，1535 页；"自我的技术"，同前，1606 页。

17 参见尼撒的贵格利，《论贞洁》，XII，3，同前，411-417 页。见米歇尔·福柯，"主体解释学"，同前，1173 页；"自我的技术"，同前，1606 页。福柯在法兰西学院讲授"说真话的勇气"的最后一课又谈及尼撒的贵格利《论贞洁》第十二章，他在此强调"直接面对上帝说真话"这个观念。参见 CV，303 页。

18 普鲁塔克，《论愤怒的控制》，453D，《道德论集》，VII-2, J. 迪莫捷 (J.Dumortier) 和 J. 德弗拉达斯 (J.Defradas) 法译本，巴黎，Les Belles Lettres，1975 年，59 页："西拉，在我们保存的穆索尼乌斯的美好格言中，就有这样的话：如果要健康地生活，那就必须始终保养身体！"

19 参见 SS，60-61 页。

20 普鲁萨的迪翁，《演说 20：论隐退 (Peri anachôseôs)》，In 迪翁·克里索斯托姆 (Dion Chrysostome)，《演说集》，卷二，J.W. 柯翁 (J.W.Cohoon) 英译本，伦敦，Loeb Classical Library，1959 年，246-269 页。

21 盖伦，《论灵魂的激情及其谬误》，IV，15-16，R. 凡·德·埃尔斯特 (R.Van Der Elst) 法译本，巴黎，Delagrave，1914 年，41 页："因为这是一种耻辱：人们要工作多年才能成为一个好医生，一个好语法学家，一个好数学家，但人们却从不愿意花费足够的时间去成为一个好人。"

22 爱比克泰德，《谈话录》，I，16，1-3，J. 索耶 (J.Souihé) 法译本，巴黎，Les Belles Lettres，1948 年，61 页。

23 参见 HS，5-6；米歇尔·福柯，"自我的技术"，同前，1605-1606 页。

24 1980 年秋，福柯在《自我解释学的起源》中引进了"自我的技术"这个概念——并对古代的这些技术进行历史分析——此概念成为福柯在 1980 年代的一大研究中心，让他得以"使主体问题化，主体并不仅仅由外部治理贯穿并被赋予形式，主体还通过规范的练习建立了与自己的确定关系。"参见 F. 格罗，"课程情况"，SV，308 页。福柯于 1982 年 10 月在美国佛特蒙大学的一次演讲中说，研究自我技术的"一般框架"由康德在论述启蒙一文中所提问题所界定："在我们的此时此刻，我们是谁？"参见米歇尔·福柯，"个人的政治工艺"，同前，1632 页。

105 25 对自古希腊以来西方社会中自我的技术史进行集体研究，此计划在福柯于 1982 年秋在佛特蒙大学开办的研讨班上获得某种具体化形式。参见 L.H. 马丁 (L.H.Martin)，H. 古特曼 (H.Gutman)，P.H. 赫顿 (P.H.Hutton) (dir)，《自我的技术：米歇尔·福柯研讨会》，安姆斯特，University of Massachusetts Press，1988 年。

26 参见 SS，55-57 页：福柯在所谓"个人主义"内部区分了三种不同现象——"个人主义态度"，"推崇个人生活"，"和自己关系的强化"——他还说，帝国时期的"自我的文化""并不是某种日益增长的个人主义的表现"，而代表了某种长期现象的"顶点"，这符合对自我关系的强化和推崇。1983 年春在伯克利分校的一次讨论会上，福柯说："在公元前 4 世纪，苏格拉底和爱比克泰德之间，在此期间所发生的，并非如人们时常所说的那样是个人主义的诞生——人们通常把斯多葛主义的发展，把早期斯多葛主义向晚期斯多葛主义的转变都和个人主义的发展相连系——但我认为这不是个人主义，因为智者爱比克泰德，或者实际上不用这么极端，智者斯多葛派是这样的人，他们比任何其他人都更加与一系列对于人类的义务相连系，他们是传教士。最后，《谈话录》第三册中由爱比克泰德所显示的犬儒画像把他介绍成一位完全忠实于他人的传教士；这与个人主义相距遥远。不过，与自己的关系作为与他人关系的条件，只有与自己建立了某种关系(比如说完全控制自己)才能与他人有关系，我认为这才是一个非常重要的因素，所以在我看来，古代哲学的这一发展并非趋于产生个人主义，而在于发展和强化同自己关系的重要性。"参见米歇尔·福柯，《和米歇尔·福柯的讨论》，D250(8)，同前，11-12 页。

27 普鲁塔克，《拉科尼亚格言》(*Apophtegmes laconiens*)，271A，《道德论集》，卷三，F. 富尔曼(F.Fuhrmann)法译本，巴黎，Les Belles Lettres，2003 年，171-172 页。参见 HS，32-33 页。

28 色诺芬，《居鲁士的教育》，第七册，5 章，《色诺芬全集》，卷一，P. 尚伯利(P.Chambry)法译本，巴黎，Garnier-Flammarion，1967 年，258 页："当他们聚在一起，他对他们说：'朋友们，盟友们，直至今日，我们不能责怪神灵没有实现我们的所有愿望；不，我们实现了，因为我们完成了伟大的事业；不能再关注自己并和朋友们欢乐，这是我极愿放弃的一大幸事。"

29 柏拉图，《阿西比亚德篇》，《柏拉图全集》，卷一，M. 克鲁瓦塞法译本，Les Belles Lettres，2002 年，47-114 页。福柯在法兰西学院讲授"主体解释学"期间，他从关注自己的角度详细分析了柏拉图的《阿西比亚德篇》。参见 HS，33-46，50-58，65-76 等多处。另见米歇尔·福柯，"自我的技术"，同前，1608-1611 页。福柯在法兰西学院讲授"说真话的勇气"时，他把《阿西比亚德篇》和《拉克斯篇》(*Lachès*) 视为关注自己，在更广泛意义上视为西方哲学两大不同传统的起点："哲学作为影响人们，鼓励人们去关注他们自己的东西，它引导他们一直到形而上的实在，也就是达到灵魂的实在；哲学作为生活的一种试验，生存的一种试验，生活的某种形式和模式的构想"。所以，一方面有这样的哲学，它把认识灵魂变成"自我的本体论"(形而上话语)，另一方面又有"一种哲学，它作为生活，作为生命素(bios)的试验，而生命素即是某种自我艺术的伦理材料和对象"(生存的美学)。参见 CV，117-119，147-149，227 页。

30 关于阿勒比尼斯、普罗克洛和柏拉图著作的编排，福柯参照 A.-J. 费斯图耶尔(A.-J.Festugière)的研究，"5—6 世纪阅读柏拉图对话的秩序"，《希腊哲学研究》，巴黎，Vrin，1971 年，535-550 页。关于新柏拉图主义对《阿西比亚德篇》的评论，见 HS，163-167 页。

31 关于"自我的文化"在帝国时代的突出点，见 HS，79 页下；米歇尔·福柯，"主体解释学"，同前，1174-1178 页；SS，57-85 页。福柯在希腊 - 罗马时期的自我文化和

106

现代的自我文化之间发现的极端差异，尽管有若干连续性（在他看来，有一个自我体验的真正的"颠倒"，这恰恰发生在基督教内部），见米歇尔·福柯，"法语系讨论会"，本书 153-156 页，部分收录在"关于伦理谱系学：简述正在进行的研究"（On the Genealogy of Ethics. An Overview of Work in Progress），见 DE2，文章编号 326，1221-1222 页；"关于伦理谱系学：简述正在进行的研究"，见 DE2，文章编号 344，1443 页。

32 伊壁鸠鲁，《致美诺西斯的信》，《伊壁鸠鲁派》，D. 德拉特（D.Delattre）、J. 皮若（J.Pigeaud）主编，"七星文库"，巴黎，Gallimard，2010 年，45 页："年轻的时候，不要推迟哲学实践；年老的时候，不要倦于哲学思考。实际上，对任何人来说，当涉及关注其灵魂的健康问题，永远不会太早，也永远不会太晚。此外，如果有人说进行哲学思考的时间尚未来到，或者说这个时间已经过了，那么他就好像是这样一个人，当关系到他的幸福的时候，他却说：他的时候尚未来到，或者说他的时间已经过去了。"

33 见本书"自我的文化"，104 页，注释 18。

34 盖伦，《论灵魂的激情及其谬误》，IV，11，同前，38 页："若要成为一个完美的人，我们每个人，可以说都需要终身练习。即使到了 50 岁左右，也不能放弃改善自己，即使感到灵魂有欠缺，只要不是不可救药，就不能因此听之任之。"

35 福柯在法兰西学院讲授"主体解释学"的第一课时，他就已经注意到在苏格拉底《申辩篇》中，关注自己不同于《阿西比亚德篇》，它表现为一个终身的普通义务，这在某种程度上开启了希腊 - 罗马时期关注自己的观念，此时关注自己表现为"每个人都必须终身奉行的义务。"参见 HS，38-39 页。

36 1982 年，福柯在法兰西学院讲授"主体解释学"，他在 2 月 10 日一课中区分了三种"转换"形式：柏拉图的返回（l'epistrophê），希腊 - 罗马的转换，还有基督教的忏悔（metanoia）。参见 HS，201-209 页。作为帝国时代自我实践一般目标的返回自身（l'epistrophê eis heauton），另见 SS，81-84 页。

37 关注自己在帝国时代的三大功能（批判功能、斗争功能和治疗功能），见 HS，90-96，222，307-308 页；米歇尔·福柯，"主体解释学"，同前，1176 页。关于关注自己和医学思想及实践的密切关系，另见 SS，69-74 页。

38 普鲁塔克，《健康箴言》，122E，《道德论集》，卷二，J. 德弗拉达斯、J. 哈尼（J.Hani）、R. 克拉埃尔（R.Klaerr）法译本，巴黎，Les Belles Lettres，1985 年，101 页。

39 福柯参照了爱比克泰德《谈话录》中两个段落。卷三，23，30-31 页，J. 索耶，A. 亚古（A.Jagu）法译本，巴黎，Les Belles Lettres，1963 年，92 页："哲学家的学校就是人的治疗诊所（iatreion）：当人们出门的时候，他们此前不应该享受快活，而应该感到痛苦。因为当你身体健康，你不会到那里去：有一个人胳膊脱臼，另一个人有脓肿，第三个人患有瘰病，第四个人患头痛病。那么，我是否坐下来给你们详细阐述那些
美妙的思想和美好的格言，以便让你们对我赞不绝口，但在你们离开的时候，一个人的胳膊依然如前，另一个人依然头痛，第三个人依然患着瘰病，第四个人也依然带着脓肿？"。另见卷二，21，21-22，J. 索耶法译本，巴黎，Les Belles Lettres，1949 年，95 页："如果你们现在问我'三段论是否有用？'。我会回答说它们是有用的，如果你们愿意的话，我会给你们证明为什么有用。——但对我来说，它们对我有什么用呢？——人啊，你不会问我它们是否对你有用，而是问它们是否一般地有用，是不是这样？如果一个患有痢疾的人问我醋是否有用，我会对他说醋有用。——但对我来说，醋有用吗？——我会回答说没有用。你要首先止住你的恶劣情绪，先让你的脓肿愈合。至于你们，先生们，你们先治愈你们的创伤，止住液体的流出，使你们的精神安静下来，当你们摆脱了各种分心之事，你们再来学校，你们就会知道理性具有何等的威力！"

40 盖伦，《论灵魂的激情及其谬误》，IV，13-15；VII，28-29，同前，40-41，50-51 页。

41 关于希腊 - 罗马社会历史中关注自己逐渐"脱离"情欲，见 HS，58-59，330-331 页；另见 SS，219-261 页。关于罗马时期对少男之爱的贬低，以及鸡奸关系的突出特征转入婚姻之内，见 SV，185-200 页。最后，关于古典希腊时期教育学和情欲关系的问题化，见 SV，93-97 页。

42 塞涅卡，《书信 52》，1-3，见《致卢奇利乌斯的信》，卷二，H. 诺布洛 (H.Noblot) 法译本，巴黎，Les Belles Lettres，1947 年，41-42 页。对塞涅卡此文及其《论灵魂的平安》中愚蠢 (stultitia) 这一主题的更详细分析，见 HS，126-129 页。

43 关于书写在自我文化中的作用，尤其是关于笔记本 (hupomnêmata) 和通信，见 HS，341-345 页；米歇尔·福柯，"书写自己"，见 DE2，文章编号 329，1234-1249 页。

44 埃里乌斯·阿里斯提德，《神圣故事》，A.-J. 费斯图耶尔法译本，巴黎，Macula，1986 年。参见米歇尔·福柯，"自我的技术"，同前，1623 页。

45 关于这个问题，另见 HS，13-32 页，不过，福柯在谈到"道德史的悖论"之后，他为回答一个同类问题而把从哲学上重新评价"认识你自己"，并相反贬低"关注自己"的责任归于"笛卡尔时期"。

46 参见 OHS，90-91 页："也许自我的问题并不在于发现自我的实证性中有什么，也许问题不在于发现一个实证的自我或者发现自我的实证基础。也许我们现在的问题在
于发现：自我不是任何别的什么，而是在我们历史上所建构技术的历史相关物。也许问题在于改变这些技术。在此情况下，今天的一大政治问题就是我们自己的政治，

这是就该词的严格意义上说的。 ”1982 年，福柯在《主体和权力》一文中（同前，1051 页）提到康德论述启蒙的文章，提到由康德开创的“巨大哲学任务”——“也就是批判地分析我们生活在其中的世界”——然后他解释道：“毫无疑问，今天的根本问题并不在于发现，而在于拒绝我们所是之人。……最后可以说，今天给我们提出的政治、伦理、社会和哲学问题，并不在于试图把个人从国家及其机构中解放出来，而在于使我们摆脱国家，摆脱与国家相连系的个体化类型。通过拒绝在几个世纪中被强加给我们的个体性类型，我们现在应该促进新形式的主体性。”

加州大学伯克利分校哲学系讨论会

福柯：你们看到了吧[a]，我无法给你们一个确切的回答，因为我正在研究这个领域，研究这个主题。但使我感到惊讶的是，比如说，某些文学史学家，也许他们当中大部分人，或者至少他们中有些人对自我叙事(récit de soi)，对自我记述，或者对招供感兴趣；他们当中大部分人对自我叙事的修辞结构问题感兴趣：这类自我记述包含着什么样的修辞结构？但使我感兴趣的——我想，这对文学领域内的一项严肃的研究来说会令人感兴趣——就是这类文学和你们可以在精神生活中，不管是哲学或是宗教等领域中发现的这些技术之间的关系。我想已经有人对16世纪宗教技术和文学之间的关系这一确切问题作过研究；譬如有人研究过教会，新教团体内部的自我审查技术。关于古代，我想还没有这方面的研究。非常明显，你们可以找到的宗教体验，比如在圣奥古斯丁《忏悔录》这样著名的作品中找到，那是因为数世纪中书写自己的练习已

---

a 提问没有被录音。

经为这一切作了准备。4 世纪末有一位基督教作家叫辛尼修
112 （Synesius），他就很能代表当时基督教文化和世俗文化之间的
联系，他写了一本很有趣的释梦书[1]。这相当于一本释梦的教
科书。在书的开始有几页非常诱人，辛尼修说："皇帝们禁止使
用巫术，他们还禁止求助于神谕，禁止求助于诸如此类的做
法；但辛尼修却说这无关紧要，因为您在自己身上就有神谕，
这个神谕就是梦。所有您应该做的事情，就是每天早晨把您夜
晚所做之梦写下来，把它们放在身边，不断地阅读它们，于是
您就能够不断地解释正在您身上发生的事情（……）[a]。这不仅
是一本释梦教科书，还是一本写梦教科书。你们看到了吧，你
们可以找到很多其他例子。我想说的是，这种自我的文化不仅
仅是一个哲学观念，还是一种真正的实践，一种社会的实践，
一种个人的实践，人们通过这些技术来体验他们自己，我想在
主体性的历史当中，这种体验发生过深刻的变化。整个基督教
文学，你们可以看到它在公元4世纪的发展，还有人们对他们
自己，对他们的转变，对他们和上帝的关系等的记述，这些都
是由此被准备好的。我想，研究这一点是很有趣的。

---

a　有几个词听不清楚。

提问：您引用了伊壁鸠鲁的一段话，他说关注自己从来不会太早，也从来不会太晚[2]，我想到了拉康就"现代英雄"[3]所说的话，对现代英雄来说，总是太早或者太晚。您是怎么想的？在某种意义上，在恰当时机发生的事情，我们总是必须把它说成是一件不合时宜的事情。

福柯：如您所知，是否"恰逢其时"这个问题，这是希腊伦理的一大主要问题，即kairos这一概念[4]。kairos就是恰当时机。您可以在希腊的早期文字中看到，伦理的问题即在于选择恰当时机去做某件事情。为什么kairos这个概念在希腊伦理中如此重要？我无法给您一个更加明确的回答，不过我只给您举一个例子。在性生活的伦理中，问题完全不在于知道您和您的性伙伴能够做什么。关于您和您的性伙伴能够采取的性行为类型和种类，您在希腊文献中绝对找不到。因为这不是问题。如你们所知，性伙伴的问题也不是问题。然而希腊人却在性行为方面拥有大量非常严格的规定，这些规定并不涉及性伙伴，也不涉及行为类型，而涉及类似kairos这样的问题，恰当时机的问题。譬如在普鲁塔克的书里，你们可以找到一次讨论，有好几页，问题就在于知道在一天当中，什么是做爱的最佳时机：晚

113

餐前，晚餐后，白天，夜晚，深夜，初夜，如此等等[5]。这不过是一个例子。我想，一般来说，希腊人的问题，如你们所知，在于知道如何管理属于必然性的事情，或者如何管理属于偶然性的事情，即所谓anagkê（必然性）或者tukhê（偶然性）。而对待anagkê或者tukhê，如你们所知，希腊人有一种可以说极其宿命论的态度。不管怎么说，伦理问题，行为或者举止问题，政治问题也一样，问题完全不在于试图去改变anagkê或者tukhê的任何什么，而在于管理正在发生的事情，在于能够把握恰当时机去做些什么。kairos就是游戏，而多亏有此游戏，人的自由才能管理，才能和anagkê，和世界的必然性周旋。我想正因为这个原因，kairos，恰当时机这个问题才成为希腊伦理的一大中心问题。

希腊人的事情就这样。现在来谈拉康。我想这是一个很好的提问，因为精神分析的问题就在于知道如何管理欲望的必然性，我认为拉康……我还必须说——对不起，我又回到希腊人这里——对于希腊医学来说，同样如你们所知，问题不在于改变病理（pathos）和疾病性质的任何什么，问题是在危机的发展过程中选择恰当时机行动，然后，或者接受结局和后果，或者抢救病人[6]。这也是（医生应该把握的）一个时机。

我想在拉康那里，你们会发现类似的东西。精神分析师在欲望过程中的作用——和希腊医生的作用相距并不遥远——就在于选择恰当时机，kairos。我至少指出了若干相似性，但就拉康的恰当时机问题，我没有什么非常特别的东西要说；不过，还是有一些东西可以说，因为精神分析更是一种伦理技术，而不是一种（科学）[a][7]。

提问：是否有某种制度框架能够让自我获得发展？

福柯：您记得很清楚，我从未说过个人必须发展自己。我试图给你们揭示自我是如何构成的。和我们自己的关系是通过多种实践，多种技术等构成的，这些关系就是伦理的特征。什么是伦理？我想，伦理就是主体在其活动中，在其行为中把自己构成为道德主体的方法[8]。所以问题不在于发展自我，而在于确定和您自己的什么类型的关系能够把您构成为伦理主体。这不是发展自我的问题，而是构成自我的问题。

提问：所以您仅仅对伦理感兴趣，而不管机构？

---

a　推测；有几个词听不清楚。

福柯：不是这样的，这些自我的实践是和某些机构相连系的。在希腊文化，或者在希腊-罗马文化当中，表面上并没有严格意义上的机构来关心这种自我的实践。但在实际上，您完全可以找到某种东西，譬如说在爱比克泰德的学校那里找到一种真正的机构，爱比克泰德把它定义为iatreion，一个诊所[9]。这完全不是一个人们可以在那里学习三段论，或者学习文学，或者学习语法等的学校。他们必须学习和自己建立某种关系：他们所受教育即是构成这类关系。所以，这就是用来培育并建立这种关系的机构。我想，自我文化的这种机构化在基督教那里达到了相当的规模，带有非常大的强制性，譬如通过坦白、忏悔等实践，在现代社会也一样，那是通过学校制度、教学制度、教育机构等配置。不过你们都很清楚地知道，司法制度可以说也回应了同样的目标。它的一个方面当然就在于构成某种类型的自我，既然犯人必须通过司法制度承认自己就是罪犯。

提问：我在想，现代的机构，它们关注自我，关注发展自我的技术，它们能够由此获得什么样的好处。

福柯：这不是发展的问题。您无需发展您自己，您必须把自己构成为伦理主体。自我并不是必须按照某种范式或者某种模式来发展，并一开始就被给予的实在。自我并不是一个心理学的实在，或者它可能成为心理学的实在，或者至少通过某些历史-文化形式而成为某种体验母体[10]。

提问：您说过，对古人来说，问题不在于发现自我，而在于控制自我，这不同于现代人。不过，当斯多葛派试图摆脱幻觉和激情，他们视之为谬误，他们的做法怎么就区别于发现自我？您能否再谈一下这个区别？

福柯：您说的很有道理。我就此差异所说的，差不多是从整体意义上说的。斯多葛派的确有一个问题，那就是摆脱可能对自我产生的幻觉。不过，当您阅读斯多葛派关于这个问题的文字，您会看到，当他们试图清楚地说明什么是真实的自我，标准是：在世界上，或者在我周围，什么取决于我，或者什么不取决于我？取决于我的，就是我能够行使控制权的领域，那就是我自己。不取决于我的，我不能改变的，那就不是我，我必须摆脱它，或者，我至少应该完全不去管它。您说在斯多葛派的话语中有一种企图，有一种发现自我的努力，只是这种发现不过是区分什么取决于我，什么不取决于我；问题恰恰在于确定我的控制权领域[11]。我想在基督教那里，您会看到某种完全不同的东西出现了，问题变成：我对自己有什么幻觉，什么幻觉阻碍我确切地知道在我身上发生的事情？当我感受到某种欲望，但我却无法识别这样的欲望，于是我就成了幻觉的受害者。我给您举一个非常简单的例子，您可以在卡西安(Cassien)那里找到。您可以看到，这里涉及东方修道士的生活守则。要列举这类守则的例子，卡西安举了一个年轻修道士的例子，此人是一个伟大的圣徒，或者他至少非常急不可待地要成为圣徒。他想守斋，他想比其他修道士更多地守斋，时间也更长。从表面上看，这是一个很好的计划，他真诚地相信这是他的一个很好的想法，一个很好的愿望。但他的修行导师却给他指出，如果他想守斋的时间比别人更长，他实际上并非想更快地成为圣徒，而是因为他想获得他人的赞美。这不是一个圣洁的表现，而是一个肮脏念头的活动；这并非来自上帝，而是来自撒旦的引诱[12]。既然您身上可能存在某种幻觉，一个来自撒旦的引诱却能取得一种表现形式，好像它就是上帝召唤您去做的事情，所以您必须解释您的观念，您的表象，您的欲望等，而这就是自我解释学的新义务[13]。我认为这种自我解释学，它非常不同于知道什么取决于我们，什么不取决于我们这个问题[14]。

提问：您能否解释一下您所谓的"自我"是什么意思？

福柯：自我不是任何别的什么，它就是和自己的关系。自我是一种关系。自我不是一种实在，它不是什么结构化的，并在一开始就被给予的东西。这是和自己的一种关系[15]。我想除了这种关系和这一整套关系，没有办法对自我给出另外一个定义。

提问：您所谓自我的"文化"是什么意思？这里的文化，是否就像人们说某人很有文化的意思，或者是在更加广泛的意义上说的？

福柯：第一个问题涉及自我，第二个问题涉及文化！我想第二个问题比较容易回答，但比第一个问题稍长一些。当我使用"文化"一词，我想指出，我试图向你们指出，自我的文化首先意味着某些自我关系的形成，而在希腊-罗马文化中，这种形成以控制和主权形式出现；这是一个概念。第二点，这是一整套技术。自我建构这些关系，而为了建构这些自我关系，必须进行练习，譬如冥想，书写，读书，（……）[a]，等等。第三点，这

---

a　有几个词听不清。

种文化和这些自我关系的技术意味着，或者产生着，或者导致了某种具体的自我体验。比如说，当你们把西塞罗（Cicéron）写于罗马共和国后期的信件，和塞涅卡写于（一个世纪）[a] 之后的信件，当然，还和马可·奥勒留和弗隆顿（Fronton）的信件相比较，你们会看到视角是非常不同的。他们如何谈论他们自己，他们对自己的什么感兴趣，什么对他们的自我体验来说是合适的，这些都完全不同。这是第三点。第四点，这些自我的关系并不仅仅是私人的，个人的东西。我给你们说过，当时有些学校就做这件事，当时还有关于这个主题的论文，有人就此主题而写作，人们相互之间以他们自己为主题而保持着联系。譬如说，塞涅卡和卢奇利乌斯就保持了很多年的通信，主题就是关于他们自己。所以，这是一种社会活动。这四个方面——一个概念，一种实践，一种体验类型，一种社会活动，我还可以加上所有论述此问题的书，文学的，哲学的等——这一切构成了自我的文化。我想使用"文化"一词并不夸张[16]。

提问：在一个基本上是文盲的社会里，您能解释一下书写对

---

a　推测；有一部分听不清

自我的文化所具有的重要性吗?

福柯:第一,我就自我的文化所说的,当然只适合于作为文化载体的社会阶级。我并未谈到奴隶,因为在希腊-罗马社会里,他们当中有一部分人属于文化阶层,不过尽管如此,从数量角度来看,生活在希腊-罗马社会里的大部分人和这种自我的文化毫无关系。但是,在那些享有特权的社会阶层中,您不能说其中有文盲(……)ᵃ。比如,在4世纪的雅典公民当中,所有人都能读,都能写。当然,公民只是雅典居民的一部分,但他们人数众多,他们都能读和写。就此而言,比方说,他们远比我们欧洲17世纪的社会更有文化。这是第二点。

您问我什么是书写的重要性。我想,可以这么说。在公元前4世纪,自我的文化的主要形式就是回忆。回忆意味着人们必须牢牢记住某些格言、诗句、名言,当时人称gnômaiᵃ17,这些既是真理、规则,也是行为准则,它们以诗人、哲人或者智者所表达的简单明了的真理,永恒的真理形式出现。我想,苏格拉底的大部分学说,还有柏拉图的大部分哲学,它们都说明了回忆的重要性,因为回忆就是能够和自己产生

119

---

a 几个词听不清楚。

某种关系的主要形式 [18]。通过这些牢记在心的格言，并把它们集中在回忆当中，这样才能达到和自我的关系，并寻找……

提问：能否通过非文学的方法，比如说通过某些标准化的形象或者模范的行为来构成自我？

福柯：当然可以。在希腊-罗马社会，榜样的作用是重要的。但人们通过什么方法得知这些榜样？那就是文字、故事、书籍。我不认为您能够用榜样来取代书面文化。

提问：难道就不存在其他非文学的方法来构成自我，比如说对圣人的崇拜？

福柯：肯定存在，我并不否认这一点，我原以为您把希腊文化中的文学和榜样说成是二选一的。就占主要地位的希腊文化来说，榜样是一个重要主题，它并不(取代文学)[a]。当然，就自我以及自我的文化而言，可以遇到这类构成自我的非文学方法。

---

a 推测；有几个词听不清楚。

提问： 数十年以来发生的某些运动，比如朋克摇滚（musique punk），它们被认为试图逃避历史及其后果，如克里斯托弗·拉什（Christopher Lasch）[19]就这样认为。您是否认为这就是它们的特征？寻找自我是否意味着试图逃避我们周围的世界？

120

福柯： （首先），如您所知，如您能够注意到的，我从未使用过"自恋"（narcissisme）一词。我也不认为和自我的关系是某种涉及自恋的东西。其次，这些运动在美国引人注目，但它们也存在于其他的社会（……）[a]，我并不十分了解您为什么会认为这些运动试图在逃避历史。这是历史的一个部分，这是您的历史的一个部分。我想这种努力是非常突出的事情，它现在以多种形式出现，目的在于构成与自我的新关系，因为当我们在尝试组织、建构、确定和我们的自己关系时，教育制度，或者政治制度，或者所有机构向我们提出的东西并不使人满意。于是我们就寻找别的东西。在政治党派或者教育制度提出的自我关系类型（和人们愿意与自己建立的关系之间）[b]存在着不适应，

---

a 推测；有几个词听不清楚。

b 有几个词听不清楚。

我认为这种不适应就是我们历史的一部分。当您在做这些事的时候，您并未在逃避您的历史，您在创造您的历史。您在逃避，您试图逃避某种自我关系的模式，某种被说成是对您来说最佳的模式。

提问：您谈到希腊文化中导师和弟子之间的情欲关系。您是否能够说一下情欲在自我的文化中的作用？

福柯：您看到了，我之前想说的，就是当我开始研究，或者试图研究性史的时候，我并不知道，我没有意识到性史的主要问题实际上并不是性欲，并不是压抑性欲等问题；(但)我却发现至少在我们的社会中，或许也在其他社会中(……)[a]，自我的构成基本上取决于人们如何与自己的性确立关系。形成自我关系的领域，其主要部分就是性的体验。这不是一个回答，但我认为几乎不可能把自我的构成问题和性史问题分开[20]。我们是有性的人，我们的自我即通过我们的性体验而构成，这似乎和精神分析学所说的相近(……)[b]。但我必须说的是，如果精神分

121

---

a 推测；有几个词听不清楚。

b 有几个词听不清楚。

析学能通过性来界定自我，原因就是在我们的社会中，自我的关系恰恰是通过这种性的体验才得以构成，或者将构成。

提问：相对于希腊社会，我们社会中导师和弟子的关系在哪些方面发生了变化？

福柯：我不会说在希腊社会中，导师或老师和弟子的关系具有性的特征。事实上，如您所知，对完全的性节欲所下的哲学和伦理定义，您可以在希腊文化中关于少男，关于恋爱少男，关于老师恋爱少男一事中找到[21]。基督教所谓禁欲主义，拒绝肉欲，拒绝身体，拒绝性，拒绝性快感等，基督教这种所谓的拒绝早在希腊人那里就已经是一个主题了，但不是关于女人，不是关于一般的性，而是关于少男。这是大部分历史学家在著名的希腊同性恋一事上拒绝看到的悖论：一个事实就是，你们正是在此社会中才能看到西方第一次提出对性的完全拒绝，而当时男子之间的关系，或者至少在少男和成年男子之间的关系却是自由的。

提问：您在《规训与惩罚》一书中谈到规范，并说我们社会中的规范，其特征就是与合理性相连系，也就是说，如果我

122

们做某件事，那是因为我们知道这对我们是好的。规范是否和生物权力这种形式的权力相连系？它们与合理性有着什么样的关系？

福柯：我想您是在问我关于启蒙的问题，不是吗？我必须说，规范存在于每个社会。您找不到这样一个社会，即您在其中只找到法律，（有司法制度）ᵃ和规范。但我想——这是在您提及的那本书中所强调的——在传统的司法制度中，同样也在今天的制度中，您都可以看到规范制度的介入。在我们的社会中，如果没有明确地和连续不断地参照规范，我们的司法制度，至少刑罚制度以及民事制度就无法运行。举一个非常简单的例子，您无法让刑罚制度[22]运行，如果您不参照什么是疯癫，什么是规范行为，什么是精神病等[23]。这种介入，以及司法制度和规范制度之间的相互参照，我们现在无法把它组织成一个不矛盾的，或者同质的制度。我想，规范制度和法律制度的这种异质性，它就是我们某些实践中很多难题的根源。

提问：和司法制度相连系的这些规范，您说它们应该成为对

---

a　推测；此段听不清楚。

我们有益之事的某种明确理论对象吗?

福柯: 不, 我认为规范是另外的东西。规范并不是我们假设用来分析行为的规则。

1　昔兰的辛尼修（Synésios de Cyrène），《论梦》，见《手册》（*Opuscules*），I，N. 奥朱拉（N.Aujoulat）法译本，巴黎，Les Belles Lettres，2004 年，187-311 页。参见米歇尔·福柯，"梦见其快感：关于阿特米多卢斯（Artémidore）的'释梦'"，见 DE2，文章编号 332，1283 页；"关于伦理谱系学"，同前，1446 页；"自我的技术"，同前，1622-1623 页；SS，18 页。

2　伊壁鸠鲁，《致美诺西斯的信》，同前，45 页。见本书"自我的文化"，106-107 页，注释 32。

3　提问参照雅克·拉康论述《哈姆雷特》的《研讨会》卷六中的一段话，该卷中有很长一段于 1977 年发表于美国，取名为"《哈姆雷特》中的欲望和欲望的解释"（Desire and Interpretation of Desire in *Hamlet*），《耶鲁法国研究》，55/56 期，11-52 页。参见雅克·拉康，《研讨会（卷六）：欲望及其解释（1958—1959）》，巴黎，Éditions de La Martinière，2013 年，372-377 页。

4　对希腊人来说，确定合适时机（kairos）的重要性，以及此概念在古代伦理内，尤其在使用快感艺术内的作用，见 UP，68-70 页；SS，154-155 页。1982 年，福柯在法兰西学院讲授"主体解释学"，他在 3 月 10 日的讲课中论述了此概念在"说真话"实践中的重要性。见 HS，367-368 页，371-372 页。

5　普鲁塔克，《餐间闲谈》，册三，问题 VI，"关于做爱的恰当时刻"，《道德论集》，IX -2，F. 菲曼（F.Fuhmann）法译本，巴黎，Les Belles Lettres，2003 年，129-135 页。

6　关于古代医学思想和实践中的"危机"概念，见 PP，242-245 页。

7　参见米歇尔·福柯，"米歇尔·福柯采访录"（和 J.F 及 J. 德·威特 [J.de Wit] 的谈话），DE2，文章编号 349，1484 页："所以，精神分析学首先并不是一门科学，这是在招供基础上自己研究自己的一种技术。"

8　关于伦理的这一定义，见米歇尔·福柯，"关于伦理谱系学"，同前，1437 页；UP，35-37，275 页。作为"自我关系"的伦理，另见米歇尔·福柯，"关于伦理谱系学"（On the Genealogy of Ethics），同前，1216 页；"关于伦理谱系学"，同前，1440 页。

9　爱比克泰德，《谈话录》，III，23，30，同前，见本书"自我的文化"，107-108 页，注释 39。参见 HS，96 页，320 页；米歇尔·福柯，"主体解释学"，同前，1176 页；SS，71 页。

10　参见 OHS，90 页。在 1981 年末的一次谈话中，福柯说："生活的艺术，就是消灭心理学，就是和自我，和他人去创造尚无名称的个体性、存在、关系和品质。"参见米歇尔·福柯，"和沃纳·施罗特 (Werner Schroeter) 的谈话"(和 G. 库朗 [G.Courant] 及 W. 施罗特的谈话)，DE2，文章编号 308，1075 页。

11 可参见爱比克泰德，《谈话录》，III, 3, 14-19 页，同前，18 页，福柯好几次提到有关"散步练习"的描述，他正是强调必须对世界在我们身上引起的不同表象进行区分和分类，以便确定它们当中每一个在何种程度上取决于我们，或者不取决于我们，并由此决定"对待它们的态度。"参见 HS, 286 页。另见 HS, 231 页；米歇尔·福柯，"主体解释学"，同前，1183 页；"自我的技术"，同前，1621-1622 页；"法语系讨论会"，见本书 166-167 页，部分收入"关于伦理谱系学"(On the Genealogy of Ethics)，同前，1220 页；"关于伦理谱系学"，同前，1447 页。

12 这是指修道院院长让·德·利科 (Jean de Lyco)，卡西安在其《会议录》第一部分中谈到他。参见 J. 卡西安，《会议录》，I, 21, E. 皮舍里 (E.Pichery) 法译本，"基督教渊源"，巴黎，Éditions du Cerf，2008 年，141-143 页。关于这个小故事，见 GV, 286, 289, 296 页。

13 参见 OHS, 81, 83-84 页，注释 a。

14 1983 年 4 月，福柯在伯克利分校和休伯特·德雷弗斯及保罗·拉比诺讨论时解释说："我想，您在古代异教那里找不到对自己的错觉这个观念，这是一个事实。您可以对自己无知，这是苏格拉底的一个十分古老的主题。正如查尔斯·泰勒 (Charles Taylor) 非常明确地确定的 (……) 斯多葛派的问题是'我是谁'；但答案却必须在区分什么取决于我，什么不取决于我之后才能找到。我认为，不知道什么取决于我，什么不取决于我，这种无知不同于我对自己的错觉，即当我无法知道，或者无法确认我所感受到的欲望，或者我的观念是否来自我的精神，来自上帝，或者来自魔鬼。所以，这是一个变化，一个非常重要的变化。"参见米歇尔·福柯，《和米歇尔·福柯的讨论》，IMEC/ 米歇尔·福柯资料库，D250 (5)，15 页。

15 参见 OHS, 131 页；米歇尔·福柯，"福柯"，同前，1452 页。

16 福柯用法语表达。

17 关于 gnômê 这个概念，它既意味着认识和格言，也意味着真理和规则，见 OHS, 50, 51-52 页，注 释 a；MFDV, 130 页。另 见 L.Cremonesi, A.I.Davidson, O.Irrera, D.Lorenzini, M.Tazzioli，OHS, 62-63 页，注释 35。

18 关于回忆在古代世界，尤其在柏拉图哲学中的作用，见 HS, 169-170, 311-312, 437, 441-442 页。

19 克里斯托弗·拉什，《自恋的文化：希望破灭时代的美国生活》(1979)，M. 朗达 (M.Landa) 法译本，巴黎，Flammarion，2006 年。

20 参见米歇尔·福柯，"性和权力"，同前，570 页；"《性史》前言"，同前，1402-1403 页。在《性史（卷一）：认知意志》中，福柯描述了围绕"性的问题"而在西方发展起来的两个相关过程："我们要它说出真相"和"我们要它对我们说出我们的真相，或者说，我们要它说出我们自以为在直接意识中拥有，但却被深藏的关于我们自己的真相。"于是在他看来，"几个世纪以来，一种主体的知识逐渐构成了。"参见 VS，93 页。然而当福柯追溯历史的时候，他发现了通过性体验构成自我关系的形式，它们完全不同于现代的形式，他尤其在法兰西学院论述"主体性和真理"的讲课中，此外还在《性史》最后两卷中对它们进行了研究。另外，正如他在 1980 年的演讲"自我解释学的起源"中所解释的，他正是在研究性体验的过程中才意识到所有社会中都存在着"自我的技术"。参见 OHS，38 页。

21 希腊人关于成年男子 - 少男性关系的问题化，以及教育色情的"去性化"（désexualisation），见 SV，93-97 页。另见米歇尔·福柯，"关注真理"，DE2，文章编号 350，1490 页；UP，27 页。

22 福柯用法语表述。

23 关于这个主题，可参见 SP，180-196，303-315 页；米歇尔·福柯，"'危险份子'这个概念在 19 世纪法医精神病学中的演变"，DE2，文章编号 220，443-464 页；MFDV，211-228 页。

加州大学伯克利分校历史系讨论会

提问：我的提问涉及您的研究方法论轴心的变化，即您从最初的考古学方法，到您在论述尼采的文章[1]中所描述的谱系学方法。这是否是一种彻底的断裂，或者谱系学区别于考古学仅仅在于它对外在于话语的权力和配置感兴趣？从历史方法论的角度来看，您如何描述考古学和谱系学之间的差异？

福柯：这是一个很好的提问，也是一个难题。我想我是在非常不同的意义上使用了这两个词，目的是指两类不同的问题。我想说，当我使用"考古研究"这个说法时，我想把我所做的和社会历史相区别，因为我不想分析社会，我想分析话语事实和话语；同时我也想把这一话语分析区别于哲学解释学，也就是区别于这样的解释，即通过辨认未被说出的东西来解释已被说出的东西。当我使用"考古研究"这个说法，我想说的是，我所关注的对象是一系列话语，而这些话语应该被当作事件，或者被当作系列事件来分析。某种东西已被说出，这样或那样的东西已被说出，这类话语事件在某种意义上就是事件，像所有其他事件一样，只是它们拥有独特的地位，独特的效应，这（使它们）比如说不同于某个经济事件，不同于某次战斗，或者不同于某一事情，不同于某种人口变化……。这就是我所谓的考古学：这是我的分析的方法论框架。

我所谓谱系学，这既是分析作为事件的话语的原因，也是目的；而我试图指出的，就是这些话语的事件如何以某种方式决定了构成我们现在的东西，决定了构成我们自己、我们的认识、我们的实践、我们的合理性类型、我们和自己以及与他人关系的东西。这就是谱系学。所以我可以说，谱系学是分析的目的，而考古学则是其物质和方法论框架[2]。

提问：说考古学的重点是话语和认识体系的中断，而谱系学则对连续性，对现在如何能以某种方式在过去就被预知感兴趣，这样说对吗？

福柯：您看到了，这并不完全是我说的。我的研究的总主题是思想史[3]。我们如何能研究思想史？我想思想显然不能和话语分开；不管怎么说，我们不能进入思想，不论是我们现在的思想，我们自己的思想，我们同代人的思想，还是从前人的思想——我们不能进入其中，除非是通过话语。这就必须有考古研究。这和连续性或者中断完全没有关系；您可以在话语中找到连续性，也可以找到中断。比如说，我现在思考性伦理的历史，我不得不注意到可以找到关于性的完全相同的说法，从公元前 4 世纪一直到今天。婚姻、忠诚等的理论都是相同的，或者至少从公元 1 世纪直至今天[4]。您这就有了连续性。但在另外的话语体系中，譬如在科学话语中，您会找到中断。在我们的文化中，在这一考古研究中，可以非常惊奇地看到在某些领域，譬如在伦理中发现长达数世纪，长达数千年的连续性，而科学领域的变化却极快，变化如此极端，以致于，譬如说当您阅读18世纪的一本医学书，您甚至时常会不知所云，不知道在谈论什么疾病；这会非常困难，您需要各种各样的翻译才能明白在谈论什么，在谈论什么疾病，如此等等。但如果您阅读一本写于19世纪初的书，一本写于比沙（Bichat）和雷奈克（Laennec）等人之后的书，即使您注意到所谈的一切都是错的，您仍然能够清楚地辨认出在谈论什么，您能够说这是对的或是错的；可是，就大部分直至18世纪的书，直至18世纪中期的书来说，您甚至不能说这是对的还是错的，因为从医学角度来说，这实在对您没有意义[5]。那么在此情况下，您就看到非常极端的变化，看到真正的中断。只是这完全不是一个原则，不

129

是一个普遍原则。

提问：在美国，人们时常批评您没有对考古学方法的变化做出解释。您现在使用的谱系学方法，它是否更加关注变化的原因，或者这是您搁置一旁的一个问题，并不是您所关注的中心？

福柯：关于中断的问题，我意识到我说得不够清楚，它对我来说并不太重要。我还记得曾经读到过关于我的一个非常简短的说明，那就是：我的姓名，研究中断的哲学家。我感到震惊，真的，直至今天，从未有人对我指出，我在这一点上搞错了：当您至少去看一下某些科学的历史，从16世纪末到19世纪初，您会注意到那些非常重大的变化，无论是在医学或者在自然史，或者在经济学等学科当中；我就不提譬如说物理学，或者化学的问题了，我想您恰恰会在此看到那些极其惊人的变化。这些都是事实。这些事实，您当然可以试图把它们归诸于社会的变化，或者用社会的变化等因素来解释它们。我不相信，我也从未看到有人用社会上相关的、平行的、类似的变化来恰当地解释这些惊人的科学变化。也从未有人说服我：16世纪资本主义社会的变化令人信服地解释了使 16 世纪自然史进入19世纪生物学的变化。因为我认为科学思想有一类历史性（historicité）——我不知道这个词在英语中是否有意义——有一类变化，有一类变化方式，它是非常独特的，可以说它具有几乎在同时改变一切这样的可能性；不仅仅是可能性，而且我还必须说是必然性。这是由于科学思想的某些重要特征，由于这是一种逻辑严密的思想，以致于当某种东西在某种程度上发生变化，那就不得不改变其他的一切。当然，变化有不同的层次。有时候，可以只改变一个概念，有时候改变一个理论，有时候改变库恩（Kuhn）意义上的模式[6]，而有时候则必须改变得更多，不仅仅是模式，而必须改变几乎一切：对象、领域、合理性类型、模式、理论、概念。那些惊人的变化，几乎一切，包括领域、合理性类型（都发生变化），有时候可以在科学史上看到。比如可以看一下自19世纪中叶以来的遗传史；可以想一想达尔文还在使用的遗传学，此人是现代科学的奠基者之一。然而他所使用的遗传学是非常奇怪的，和我们的遗传学无关。但在孟德尔（Mendel）和德弗里斯（de Vries）之后，那是在19世纪末和20世纪初，就不仅仅是模式发生了变化，几乎是一个崭新的研究领域出现了；而把孟德尔和德弗里斯分开的这30年间，所发生的变化是惊人的。遗传学的跃进不涉及革命的发展，不涉及工业的发展和帝国主义，或者不能被归结为这些因素。这些事情和这一类历史性毫无关系。

我在我的一本书中就对这类变化感兴趣：在《词与物》[7]中，我试图指出，这些经验科学如何在 17 和 18 世纪发展并带来惊人变化，而对于这些惊人变化却没有外部的解释，或者至少没有任何人给我这样一个解释。但我的原则并非完全拒绝这类解释，譬如——请原谅我谈我自己，是您向我提问——在我论述疯癫的那本书中[8]，我试图指出：在 16 世纪和 18 世纪初之间，某种情况，某种和疯癫的关系，或者至少和疯子的关系是如何变化的。这些变化是由社会过程所决定的，比如工业社会的发展，失业危机，17 世纪无业人员的问题，这些就是建造那些大型总医院的原因；这一切都是社会背景，而您可以通过这些背景去理解，不是这种或那种关于疯癫的科学理论为什么获得发展，而是为什么疯癫在某个时候会成为一个问题。我想这一点值得强调：这和运用科学模式，运用科学合理性等因素来解释变化是有区别的，我并不认为科学合理性的变化可由社会过程来解释；但相反，某个东西成为科学的一个问题，并作为社会必须关注的一个问题而出现，我想这可以通过社会过程来解释，依我看，这就是我们可以在疯癫个案中看到的情况。或者更进一步，为什么疾病，身体疾病在18世纪末会成为一个真正的社会问题，以至于不得不建造这些大型医院？这显然是由于社会的原因，经济的原因，也有人口的原因：城市规划和城市的发展等，还有流行病等，所有这一切都解释了为什么身体疾病会成为社会和政治的一个巨大问题[9]。您可以在一些极为重要的著作中看到此问题升级时的后果，比如在一本法语书……——叫什么来着？《医学……》——或者这套关于健康政策的八卷本德语书——对不起，我想不起来了[10]。不管怎么说，这些书就是一大重要信号，表明疾病，身体疾病作为全社会的社会和政治问题而出现了。不过，当比沙在多年后使用某种合理性来分析类似的一些症状，您就可以通过社会过程的分析看到这种合理性类型。

提问：所以您从未停止考古学研究？

福柯：没有，我从未停止考古学研究，也从未停止谱系学研究。谱系学确定了研究的目的和目标，而考古学则指我为了进行谱系学研究而探讨的领域。

提问：为什么历史作为职业在法国变得重要起来？

福柯：我有一个学生，她就在此领域内工作。按我的看法，法国的历史研究在17世纪末和18世纪初获得极其重要的发展，那时的贵族和君主就他们各自权利的基础发生了冲突：君主制是否仅仅表示了社会的贵族结构，或者它的根源在于民族，在于第三等级[11]，在于资产阶级等？这是一个极其重要的问题。在17世纪末和18世纪初之间，当路易十四[12]的庞大君主制行政开始衰落，于是就出现了历史研究的真正迅猛的发展；研究的性质既是法律的，也是历史的，而法律研究和历史研究之间的联系是非常明显的[13]。这是我的假设，我和我那位学生谈过；但她现在另有发现：由修道士，以及本笃会修士在17世纪初所做的详细研究，正是它们似乎成了（历史研究）的最重要根源。当然，这是在反宗教改革的背景之中，可以非常有趣地看到——这只是一个极其简单的概要——但我们可以说，对于宗教改革来说，问题在于返回最初的文本，大写的文本，当然，关于此文本的历史研究对（宗教改革家）来说是重要的，但解释学的问题比历史研究更加重要。既然这是大写的文本，而且必须发现它对现在的某种意义，那么如何解释文本？这就是解释学的问题。对于反宗教改革派和天主教信徒来说，问题完全不同：重要的是发现并证明从基督教最早时期一直到今天的历史连续性，重要的是确立这一连续性的基础，历史的基础，历史的证明。这样就可以看到一个概要，看到作为宗教改革特征的解释学方向，和作为天主教派特征的历史证明这两者之间的分割（césure）。这可能是一个假设……

提问：要理解您刚才说的变化，您是否认为对写历史的技术感兴趣很重要？比如说我想到"世纪"这个概念作为时间单位在16世纪的出现，这深刻地改变了写历史的方法。

福柯：是的，肯定如此。当然，譬如说收集材料的所有问题，这就具有极大的重要性，并和连续性的构成这个问题直接相关。例如，天主教信徒，即反宗教改革派——因为存在着宗教改革的冲突——他们就着手收集所有能够证明连续性的材料；而研究教会圣师著作的这些大型文献丛书即开始于17世纪初。并不完全是书写技术，而是搜集的技术，这才是极为重要的东西。当然，书写本身的问题，史籍问题，行政档案问题，这些也都非常重要。行政大档案馆学就是从17世纪开始的。所有这一切都是极其重要的。还有我可称为时间技术的东西发

134

展起来了，它们是历史认识发展的技术和物质条件。

提问： 在《规训与惩罚》一书中，您通过刑事法律和监狱制度来研究规训社会，尽管您还谈到其他主题，譬如社会救助或者教育。刑事法律和监狱制度是否真的在规训制度的历史发展中发挥了决定性作用，是否它们还在发挥同样的作用？

福柯： 首先，我在这本关于监狱的书中并不是想说：规训社会是从监狱的发展开始的。我说的正好相反，当我在研究这个领域的时候，使我震惊的是这样一个问题：当您阅读由18世纪社会改革家们所写的书，您会注意到他们对所有类似监禁的制度都表现出极大的敌意，理由非常简单：那是因为，至少在法国、意大利和德国制度中——在英国制度中，情况略微不同——监狱绝对不是一种惩罚。这是一项被用来针对个人的行政措施，外在于法律，外在于司法制度，外在于法律机构，仅仅是在行政当局，在君主制权力想摆脱某个人的时候：于是就把他投入监狱。所以，当人们想建立或者想象一个新的好刑法，监狱恰恰是人们所寻找之物的反面。在18世纪中叶，人们普遍地批判监狱。可您看一下在18世纪末的法国、德国等国家，随着新的刑法典而发生的，被组织，被机构化的东西，于是您会发现到处都是监狱。这就成了主要的，最重要的惩罚手段。为什么会有如此变化？这就是我的问题，也是这本书的主题[14]。依我看，原因就在于，尽管监狱是君主制专横的象征，尽管如此，人们还是发现监狱和监禁可能是一个非常好的手段，一个非常好的工具，不仅仅是为了惩罚，而且是为了改造囚犯和被监禁者。这种改造，人们头脑中、态度中、行为等当中的这种变化，人们如何设想能够获此变化？那就是通过规训的技术。那么从哪里找到这些规训的技术？在学校里，在军队里，这些技术自17世纪中叶就已经在那里被使用了。人们试图按照不是古老的监狱模式，而是按照学校、监狱等的模式，由此来建立刑罚机构。所以，可以把刑罚制度看作是在其他机构中发展起来的规训制度的一种表述，或者一种结果，一种最新的结果[15]。就像经常发生的那样，这一对规训制度的最新使用，结果成为在其他领域内发展规训技术的一个新模式。从此观点来看，边沁（Benthan）的敞视监狱（Panopticon）就很有意思，因为边沁有了敞视监狱的想法，目的是要建造一个好监狱，人在其中就像在其他规训机构中那样被对待，被制作，被改造，当他有了这个想法之后，他就设想这个敞视监狱还可被用于工厂，学校等[16]。（于是）您就看到了这一发展。

135

所以，监狱不过是规训制度的一个部分。当我说规训制度，我并不是说社会就是按此模式组织的。我所谓规训制度更是合理性的一个类型，而不是一个"总体机构"。这就是高夫曼（Goffman）[17] 描述过的差别，也就是真实的机构和某种组织，内部组织类型的差别。我所谓规训制度更是合理性的一个类型：我们如何能够治理他人，制作他人，并使他们按照某种方式行事？为达此目的，什么是最好的手段，最经济的手段，最有效的手段？我想这就是规训。在试用了这种规训制度一段时间之后，那是在一个世纪之后，人们注意到这完全不是最经济的手段，而且它的代价非常昂贵，还有比规训技术远为有效、不引人注目、不明言的手段来制作和引导人。我只给您举一个例子，当您观察18世纪的大工厂是如何组织的，至少在法国，您会很清楚地看到它们都以规训的合理性为模式，一览无余，还有极其严格的规定等；以致当人们在18世纪下半叶的法国开采大型煤矿的时候，政府想到了用士兵来当矿工，或者把矿工变成士兵，因为人们认为有一个很好的规训组织，那就是军队，而工人阶级也被认为要组织成军队才能有效、听话等。但是到了19世纪中叶，或者早在1820—1830年，您会清楚地看到，人们已经注意到这完全不是一个支配听话工人的好办法，而像保险，储蓄等制度比军事规训远为有效。于是从那个时候起，一种控制和组织的新类型发展起来了，我们可以称之为保险控制制度，（而且）它是非常不同的东西，却比规训制度远为有效，也更加容易使人接受。

提问：如果要研究我们时代的规训制度，那就不应该以监狱制度作为出发点……

福柯：是这样。相对于规训制度，依我看，这是某一时代的（制度）类型，一种技术，一种非常独特的工艺，您现在能够找到远为精致的手段来使人以这种或者那种方式行事。规训制度并非一个有效手段。我给您举一个例子：即使在军队里，这一向是规训技术的发源地和摇篮，现在的规训技术也已经发生极大变化；在世界上最有效的一支军队里，我想说的是以色列军队，您还可以发现若干规训技术，但和第一次世界大战时军队里的规训技术相比，非常有限。

提问：您在演讲中把两种自我模式相对立：一种是柏拉图模式，与根源问题，与有待发现的深度，与回忆相连系，它预

137

示了解释学以及弗洛伊德的自我；另一种是斯多葛派模式，它不再趋向于回忆，而是趋向于未来，趋向于死亡。这第二种模式，它只是把包含在第一种模式内部的东西外在化，或者它是别的东西？

福柯：这很难回答。柏拉图的自我关系类型，或者在《阿西比亚德篇》这一非常奇特的对话录中所描述的自我关系类型，当我把它和斯多葛派的自我关系类型相对立，我并未把它们作为内在和外在相对立。我必须说几乎相反，因为在《阿西比亚德篇》中，这不是柏拉图哲学的代表——新柏拉图主义者认为这是所有接触柏拉图理论之前的人都应该研究的第一篇文章，然而实际上这是一篇非常奇特的文章——在此文章中，至少当他分析关注自己这个概念时，(柏拉图)说阿西比亚德应该关注他自己，因为他将要治理他人，或者他想作为政治领袖治理他人。这是第一点。(第二点，柏拉图说)，要关注他自己，(阿西比亚德)必须知道他自己的情况，他自己的情况即是说他的灵魂状态。那么除了冥想灵魂的本质因素及其神圣因素，我们如何才能认识我们的灵魂？这并不完全是一种内在关系，这是因为，为了认识自己，您必须注视神灵或者神圣因素，您必须把您的眼睛转向光明，上苍的光明。所以您必须摆脱离您最近的东西，摆脱您的身体，您的日常生活，您的感受等，以便超越世界，然后您将发现您的所是。这样的话，您看到了，这并不是一种内在关系，尽管回忆非常重要；这是这样一种回忆，它会把您引向另外的东西，而不是您的现实世界[18]。

　　至于斯多葛派的情况，这并非一种外在关系。当然，死亡对于斯多葛派来说是重要的，您必须在生活中赶紧，并非完全赶紧去死，而是赶紧做好死的准备；斯多葛派的理想，您知道得很清楚，那就是把生命的每一天都当作最后一天来过[19]。在塞涅卡的一封信中有一段文字很有趣，他说一天就是一年的缩影——上午是春天，中午是夏天，如此等等。一年就是一生的缩影——春天是童年，夏天是青年……——这是毕达哥拉斯学派的一个观点。不管怎么说，重要的是这些对应。塞涅卡说：您应该把每一天都视为一年，您也应该把每一天都视为您自己的一生。而每天早晨，您应该把自己看作一个孩子，并应该知道晚上就是您的晚年，而您在一天的最后就应该做好死亡的准备[20]。这并不完全是把死亡提前，这并不是从回忆过去转向死亡未来的一种态度。这是一种方法，在于把您的生命看作是好像已经彻底结束了。这就是把自己的一生置于眼前，可以说把它视为一种回忆。所以我认为，就斯多葛派而言，把死亡提前，这就好像通过回忆而把可能在您人生中发生的事件内在化。这样的话，您就看到了，问题并不完全是内在和外在的对立。这是一个很重要的变化，但却并不完全就是那个变化。

提问：您刚才提到的另一自我的模式，我们可以把它和现代的什么自我定义相连系？

福柯：您看到了，我想指出的——但在一次简短的演讲中，这当然是相当困难的——那就是斯多葛派想让人们关心自己，关心他们所做之事，关心他们应该做的事情和他们实际所做之事相符合，所有这一切都是一种新的自我关系，一种持续关心的出发点；但对斯多葛派来说，问题完全不在于去发现，或者去辨认出人们真正的所是。人们所是这个问题完全不重要。问题在于：我白天所做之事是否符合规则？但我想，这是朝着某种新关系的第一阶段，这在基督教当中变得非常重要，人们每个白天，每个晚上都观察自己，审查自己，以便知道自己做了什么，人们由此给自己提问：通过我在白天所做的事情以及所思所想，我能否辨认出我自己的实在，真正的欲望，我的灵魂的真正纯洁度？因为对基督徒来说，问题在于达到一种能够获得拯救的纯洁度。纯洁、拯救、解释自己、自我辨认之间的（关系）问题，我想这是很重要的东西，您在斯多葛派那里找不到，因为对斯多葛派来说，问题并非纯洁，而是相符合，没有在另一世界中的拯救问题，而有在此世界中的完善问题。所以您可以在斯多葛派的这种自我关系中看到为基督教所做的准备，于是自我审查的技术，这曾经是斯多葛派的技术，它被基督教的修道院使用了。您可以在塞涅卡《论愤怒》(De ira)第三卷中看到对自我审查，对夜晚的自我审查的描述[21]；从表面上看，完全一样的用语在基督教中一直沿用至今。但我认为，塞涅卡对他自己所提出的问题实际上完全不同。不管怎么说，正是这种技术，您可以在4世纪之后，在5世纪之初的修道院中看到它。在圣本笃(saint Benoît)那里，您也可以看到这一技术，但我想他有另一个目的；或者说，目的被移动了，不再完全是同一目的：重要的是通过回忆白天的行为来努力辨认出灵魂的纯洁度。

提问：在您的演讲中，您首先谈到了希腊和基督教的自我文 140
化，而在最后，您暗示可能存在着自我文化的新形式。您是否想说这种自我文化从未停止过，而我们只是发明了关注我们自己的新形式，或者我们丧失了关注我们自己的能力，亦或者就像人们有时候在加州这里所说的那样，我们太过关注我们自己了？

福柯：我想，希腊-罗马文化有一点最使人惊讶，那就是人们似乎具有某种真正自主的自我文化，当我说"自主的"，这并不是说它和其他东西没有关系，没有社会关系，没有政治关系，没有文化关系，而是说人们，至少某些人，他们当然隶属于高等阶级，如果他们愿意，他们决定关注他们自己，就好像我们时代的某些人可以决定自我修养，可以决定参观绘画展览等。这完全不是建立在权威之上的义务问题，他们并非被迫这样做，这被作为一件重要的事情，一件具有巨大价值的事情而被推荐给人们，这件事情能够使他们达到一种更加美好的生活，一种更加美妙的生活，一种新型的人生，如此等等。您看到了，这是一个个人的选择问题，这是第一点。第二点，这种自我的文化完全不和宗教相连系。当我说"完全"，这是太过简单了；当然还是有关系，而且在此所有领域中，毕达哥拉斯一派人物，毕达哥拉斯学派的作用非常重要：如您所知，毕达哥拉斯学派可以说既是宗教，又是哲学，或者说它是宗教和哲学的混合物。不过，譬如对于塞涅卡这样的人来说，尽管他在年轻时和毕达哥拉斯派人士交往，但他这样做完全不是出于宗教的原因。或者还有普鲁塔克，(他)非常宗教化，即他履行某些传统仪式，当普鲁塔克关注他自己的时候，这是出于个人的原因。自我的技术尚未被纳入宗教的或者政治的机构，甚至未被纳入教育的机构。这就是我所谓"自主的"一词的含义。这是第二点。所以，这些自我的实践独立于教育的、宗教的、社会的机构。第三点就是这种自我的文化有它自己的典籍、自己的观点、自己的技术，还有自己的方法，如果我可以这样说的话。比如说，人们相互通信，相互告知关注自己的好办法和好技术。他们还撰写论文。譬如普鲁塔克就撰写了《论灵魂的平静》(*Peri euthumias*)，他把论文寄给了他的朋友丰达努斯(Fundanus)[22]，此人是罗马元老院议员，是罗马政治中相当重要的人物。他对朋友丰达努斯写道："我知道现在你需要这一论文，需要对于灵魂的思考"——没有人知道，或者至少我不知道丰达努斯出于什么个人原因而需要这些建议——但普鲁塔克写道："我知道你着急，事情非常紧急，你需要对灵魂的这些思考，只是我没有时间专门为你写一篇论文。所以我就把论

141

述灵魂的个人笔记寄给你。"[23]因为他有一个笔记本,他在其中记录了关于灵魂的建议、思考、引言、例子,而寄给丰达努斯的至少被认为都是他个人的笔记,是他个人的笔记本。您看到了,这是一个由技术、引言、概念、实践等构成的小世界,它们在个人之间流传;这就是我所谓自我文化的自主存在。

提问:您使用了"工艺"(technologie)一词。对很多人来说,工艺具有积极作用。但另一些人则说:"是的,但所有这些孩子都在电视机屏幕前,不再有人知道由自己思考或者书写了……"。

福柯:我在演讲最后所说的是过于简略了。这种自主性,在某种意义上,这种自主的自我文化在基督教发展起来之后就消失了,因为自我的形成以及人们关注自己的方式都被纳入到宗教、社会、教育机构当中去了。譬如,基督教的忏悔[24]由此来看就非常有趣,因为在某种意义上,您忏悔,这意味着您在审查您自己,您在回忆您的行为,您的罪孽,并把它们告诉一位神父,这就是悔罪;所有这一切当然就是建立自我关系的一种方法。但如您所知,首先,对于那些至少每年、每月、每个星期都做这件事的人来说,这一技术是必要的,是必须的,而如果您是修道士，那您就必须每天都这样做。这是第一点。第二点，您必须忏悔，和一个强加于您的神父一起做；您没有选择。按照1215年《教谕》[25]，当忏悔成为基督教的必须义务，您必须向您的乡村神父，您的教区神父忏悔，任何他人都不行。第三点，您必须回答一系列问题，总是同样的问题，而在大部分情况下，一般由神父提问——你做过这个吗？你做过这事吗？你做过此事吗？——忏悔是强加给您的。您看到了，这就是关注您自己的一种方法，这对您来说也是让别人来关注您自己的一种方法。您可以就教育制度说同样的话，在此制度中，通过他人来构成自我非常重要。这里有自我的关注，但没有您可以在希腊-罗马社会找到的那种自主文化形式。

提问：您在演讲中说，古代的自我文化完全不同于现代的自我文化。能否在两者之间看到某种连续性，或者古代自我文化彻底消失了？

福柯：还是同样的问题！对不起，因为今天上午我已经和保罗[a]有过一次非常有趣的讨论，他给我提出了一个类似的问

---

a 保罗·拉比诺。

题；您看到了，使我感到惊奇的，就是来此之前，我完全没有想到这样的问题；我差不多已经完成了我的书，可我却从未注意到这个难点或者这个问题……保罗让我意识到在我的演讲或者我的书中完全不清楚的地方；这完全不是在介绍什么黄金时代，在那里一切都很好，人们有闲情逸致来关注他们自己，远离基督教和资产阶级社会，远离工业压力和艰难的环境等。不是这样，完全不是这样。我想可以指出，譬如说古代的性伦理可以非常严厉、苛刻，也许可怕。把希腊社会视为一个黄金时代，生活的整体都意识到自身，这只是一个梦想，也许是黑格尔的一个梦想，或者是启蒙哲学家们的梦想。并没有什么美好的整体。不过，还是有一点很重要：您看到了，在我们今天的社会里，我们都清楚地记得我们的伦理，我们的道德曾经在多少世纪当中都和宗教相连系。它还和民法，在某种意义上和司法组织相连系，而道德在某个时期，可以说以司法结构的形式出现——不妨想一想康德吧。您也清楚地知道，伦理和科学相连系，也就是和医学，和心理学，甚至和社会学，和精神分析学等相连系。我想，我们的伦理对宗教、法律、科学的这三大参照，如果我可以这样说的话，它们都过时了(usées)。我们都清楚地知道我们需要一种伦理，而且我们不能要求宗教, 也不能要求法律和科学给我们提供这种伦理。我们有一个社会的例子, 那就是希腊-罗马社会, 有一种伦理, 一种非常重要的伦理就曾经存在过, 但没有这三大参照。这种伦理如此重要, 以致于我们的基督教伦理, 所谓基督教伦理的一部分即由此而来。问题完全不在于重返希腊-罗马的这一伦理, 既然我们伦理的一部分就是从那里来的。但我们知道, 有可能在伦理上做一番探讨, 有可能建立一种新的伦理, 给我应该称之为伦理的想象敞开道路, 完全不参照宗教、法律和科学。我想正因为这个原因, 对作为生存美学的希腊-罗马伦理的这一分析才可能具有意义[26]。

提问: 关注自己和认识你自己, 它们现在都是我们的, 它们是否和规训错综复杂地相连系? 144

福柯: 我无法非常直接回答这个问题, 因为我没有确切的把握。不过我可以说, 关注自己在最初非常不同于规训。我还要说, 规训, 比如您至少可以在18世纪军队里找到的那种极其严厉的规训, 如在普鲁士军队里, 但也在法国、英国等国家的军队里, 这种规训几乎和关注自己毫无关系; 这是关注行为、身体、态度等; 这是非常不同的。但有一个事实, 那就是在某个 145

时候，关注自己的技术和规训的技术这两者之间存在联系。比如说在修道院中，在中世纪的修道院机构中，尤其是在本笃会机构中，您可以发现在关注自己和规训之间存在着非常有趣的关系。如您所知，本笃会修道院机构直接源自罗马军团，源自罗马军队。修道院的组织以罗马军团和十人队等为模式，而修道院的组织，本笃会的组织都是一样的。人们试图既使用这种规训模式，又使用在埃瓦格里乌斯（Évagre）的东方禁欲主义中发展起来的自我技术，在此东方禁欲主义中有一种修行和军队没有任何关系。但您可以看到如何在19世纪……，或者也可以17世纪和18世纪由耶稣会会士所创办的教育机构为例，您可以看到关注自己和规训技术之间有着非常有趣的关系和联系；（在）18世纪规模较大的中学（collège）里，这里的"中学"是法语的意思（男孩的公共学校），可以非常有趣地看到两种（技术）之间的关系。

提问：在《规训与惩罚》以及《认知意志》中，您描述了权力的运行，并指出：权力，或者权力关系无处不在。抵抗权力关系的主要源头，也许解放的主要源头是否在于追求身体的快感？

福柯：我不能肯定能回答这个问题。多年之前，当我阅读关于性或者关于精神分析学的书籍，有一点使我感到震惊。那就是当人们必须谈论快感的时候，他们感到，或者显得极其为难。关于欲望有着多得惊人的典籍，有数千本书谈论欲望、欲望的理论、欲望的压抑等。然而当他们必须谈论快感的时候，他们却沉默不语了[27]。当您把这些和希腊-罗马论述同样问题，性、伦理等问题的文学相比较，您会看到，人们从前在强烈欲望（epithumia）和快活（hêdonê）之间真的不作任何区分，或者几乎不作任何区分。您会看到总是同样的用语出现在文字当中：那就是"沦为快感欲望（epithumiôn kai hêdonôn）的奴隶"，或者"摆脱快感欲望"。欲望和快感就像一个实体，无法将它们分开。您清楚地知道，在精神分析学中，谈论快感是相当庸俗的；但如果您是一位真正精细的精神分析学家，那么您就必须谈论快感。在这类典籍中有一种对快感的贬低，这是令人非常惊讶的。不管怎么说，当我研究自我技术的时候，我的一个目的就是理解：欲望的问题，它是如何，并且为什么会变得如此重要，而在古希腊-罗马却是欲望和快感的问题才是重要的[28]。古希腊-罗马的问题是：如何对待我们的快感？如何感受这一快感？直至什么程度，在什么界限之内等？这确实是快感和使用快感的问题。我从未读过中国的色情书，但我读了由高罗佩(Van Gulik)写的书，非常有趣[29]。我不知你们是否看过这本书，真是非常非常有趣。你们可以看到，问题完全不是欲望的问题。中国色情艺术的问题是快感的问题：如何获得快感？达到什么强度？如此等等[30]。我想我们属于这样一种文明，也许是唯一这样的文明：欲望问题在那里比快感问题远为重要。这是什么原因？为什么我们自认为是欲望的主体而不是快感的主人(agents)？为什么我们的性理论、性欲理论、生存理论，人类理论，人类学，哲学人类学等，它们为什么探讨欲望的问题，探讨男性欲望和女性欲望的性质等问题，而快感问题却在我们的理论化研究，在我们的思考和我们的伦理中只占极小一部分？这就是我曾经想研究的问题。我想这一缓慢的移位，即从控制(自己)这个观念开始，您可以在(公元前)4世纪找到此观念，这是当时的主要伦理问题，一直到早期基督教的辨认自己，正是这一移位使得欲望问题占据主导地位，因为辨认自己的问题是：我的欲望是什么？我有欲求吗？我的欲望会导致什么？如此等等。自我解释学，自我解释学的兴起，欲望作为人的主要特征，它不仅是作为人的性欲，而且还作为人类，作为人类生存的主要特征而占据主导地位，我认为这件事真的很重要，而对 4 世纪的希腊人来说，问题在于控制自己，在于限制快感。快感的限制和欲望的辨认，我想这不只是两种类型的伦理理论，而且还是两种类型的自我关系。

提问：我们试图认识我们自己，试图知道什么对我们是好的，我们向某些人坦白某些事情，比如说向精神分析学家。这就给类似于心理学或者社会学这样的科学提供了材料，而这些材料可能被用来治理人，使人们以某种方式行事。是否可以说自我的文化通过自我解释学促进了规训机制在社会上的传播？

福柯：是的，当然是这样，不过这取决于您如何辨认自己。比如说，辨认自己以基督教的忏悔，以天主教的忏悔形式出现，规训的效应当然就非常明显，非常强烈。在精神分析的技术中，比如说在精神分析的实践当中，我想规训的效应——我想谨慎一些——并不那么明显。我不说效应并不存在，只是不像 (在天主教忏悔中)那么明显。147

提问：您对性的研究就不能被用来研究，比如说被用来研究从前希腊时代的妇女？我知道您并未在寻找一个黄金时代，不过那时也许比今天更加悲哀。您是否打算作这方面的研究？

福柯：这个问题很重要。首先，您也许有道理，希腊时代完全不是性生活的黄金时代，即使对同性恋者也一样——如果可以对希腊社会使用这一类别，我非常怀疑——但不管怎么说，那个时代对所有人都是艰难的。第二点我想强调，我在性史研究中想做的，并不是行为的历史，或者并不是行为模式和行为规则的历史；并不是性行为的社会史。而是我们的文明如何把性问题纳入真相问题之中，或者真相问题和性问题如何相互联系[31]。这当然就导致精神分析，也导致基督教的问题，譬如说当人们把肉欲的罪孽视为人所能犯下的最严重罪孽，当您的灵魂的真正纯洁与您隐隐约约的性欲和淫欲相连系[32]。您看到了，我的问题是这样的：这不是一个社会史的问题，这是一个思想的问题——性作为和真相，和个人真相相关的思想。而在此历史中，一个事实就是主要角色由男人掌握，仅仅由男人掌握，因为性行为的规则等都是由男人，由男性社会，由男性文明所强加的。因此，我想真相和性相联的历史就应该从男人的角度来写。不过，当然也可以考虑到对性体验，对快感的体验，对女性自我体验所产生的效应，我想也应该这样做。但

这是另外一回事了，您看到了，这当然是非常不同的。　　148

提问：您并不支持也不抨击理论，您甚至并不考察它们的真理价值，您说您不是结构主义者，您不搞解释学，您不呼唤某种总体性。那么在此情况下，我们为什么必须相信您呢？

福柯：没有任何理由。

149 **注释**

1 米歇尔·福柯，"尼采、谱系学、历史"，同前。

2 见本书"什么是批判？"，77-79页，注释29, 31。在其论述康德和启蒙，并于1984年发表于美国的文章中，福柯说批判"在其目的上是谱系学的，在其方法上是考古学的"（参见米歇尔·福柯，"什么是启蒙？"[What is Enlightenment ?]，同前，1393页），除此文之外，福柯早在1980年就已经提出了这样的简化说法——考古学-方法/谱系学-目的，他在伯克利分校"豪伊森讲座"（Howison Lectures）"中就解释说："（其）计划的目的是建构一种主体谱系学"，而"方法是知识考古学"。参见OHS, 36页，注释b。另见本书"历史系讨论会"，132页。

3 见本书"自我的文化"，103页，注释11。

4 关于性伦理从帝国时代，经过基督教一直到今天的"编码框架"，见SV, 229-234, 257-259页。

5 参见米歇尔·福柯，《话语的秩序》，巴黎，Gallimard, 1971年，35-36页："在其界限以内，每一门学科都能辨认出真和伪的命题；但它会把知识的所有怪胎（tératologie）都推到其界限以外（……）一个命题必须满足复杂和繁多的要求才能够隶属于一门学科的整体；在能够被说出真或伪之前，它必须在"真之中"，如康吉莱姆所说的那样。"

6 参见托马斯·S.库恩(Th.S.Kuhn)，《科学革命的结构》(1962), L.迈耶(L.Meyer)法译本，巴黎，Flammarion, 1983年。

7 米歇尔·福柯，《词与物：人文科学的考古学》，巴黎，Gallimard, 1966年。

8 米歇尔·福柯，《古典时代的疯癫史》，巴黎，Gallimard, 1972年（第一版：《疯癫与无理性：古典时代的疯癫史》，巴黎，Plon, 1961年）。

9 参见米歇尔·福柯，"18世纪的健康政策", DE2, 文章编号168, 13-27页；"社会医学的诞生", DE2, 文章编号196, 207-228页；"18世纪的健康政策", DE2, 文章编号257, 725-742页。

10 在"18世纪的健康政策"第二版中（同前，740-742页），福柯列举了几本法语和德语书，福柯在此想说的两本书可能就在其中，特别是J.P.弗兰克(J.P.Frank)，《一个完整的医疗政策系统》(System einer vollständigen medicinischen Polizey)，曼海姆(Mannheim)，C.F.Schwan, 1779-1790。另见"18世纪的健康政策"第一版，同前，17-18页；"社会医学的诞生"，同前，212页；"个人的政治工艺"，同前，1633-1634页。

150

11 福柯用法语表述。

12 福柯用法语表述。

13 关于历史-政治话语的诞生，参见米歇尔·福柯，《必须保卫社会：法兰西学院讲课（1975—1976）》，M.贝尔塔尼（M.Bertani）和A.丰塔纳（A.Fontana）主编，巴黎，Seuil-Gallimard，1997年，42-53页。

14 参见SP，116-134页。

15 参见SP，137-196，228-229，309-310页。另见米歇尔·福柯，《惩罚型社会：法兰西学院讲课（1972—1973）》，B.E.哈考特主编，巴黎，Seuil-Gallimard，2013年，240-244页。

16 参见SP，201-210页。另见PP，43，75-81页。

17 厄文·高夫曼（1922—1982）。关于"总体机构"这个概念，参见厄文·高夫曼，《精神病院：精神病人和其他隐居人士的社会条件研究》(1961)，L.莱恩（L.Laîné）和C.莱恩法译本，巴黎，Éditions de Minuit，1968年。

18 正因为此，福柯在伯克利分校"豪伊森讲座"之后的讨论会上明确指出"不可能在柏拉图那里找到自我解释学"。事实上，柏拉图的问题是"把灵魂上升到真理，而不是发现灵魂深处的真理"。参见米歇尔·福柯，"'真理和主体性'讨论会"，见OHS，126页。关于柏拉图这类对作为灵魂的自我的本体论认识，另见米歇尔·福柯，本书"法语系讨论会"，165页；CV，117-118页。

19 关于斯多葛派的"冥想"或者死亡"练习"，见HS，457-460页；另见米歇尔·福柯，"主体解释学"，同前，1184页。

20 参见塞涅卡，《书信12》，6-9，《致卢奇利乌斯的信》，卷一，H.诺布洛法译本，巴黎，Les Belles Lettres，1945年，41-43页。

21 参见塞涅卡，《论愤怒》，III，36，2-4，《对话录》，卷一，A.博格利（A.Bourgery）法译本，巴黎，Les Belles Lettres，2003年，103页。关于福柯对此文的评论，见GV，235-241页；OHS，43-45页；MFDV，94-97页；HS，157，461-464页；米歇尔·福柯，"自我的技术"，同前，1616-1618页；《福柯说真话》(*Fearless Speech*)，J.皮尔逊（J.Pearson）编 洛杉矶，Semiotext(e)，2001，145-150页；SS，77-79页。

22 《论灵魂的平静》实际上是写给帕克奇乌斯（Paccius）的。但在论文的一开始却提到丰达努斯，此人在普鲁塔克的另一篇论文《论愤怒的控制》(*Peri aorgêsias*)出现过。1982年，福柯在法兰西学院讲授"主体解释学"，他在3月3日的讲课中参照《论灵魂的平静》，并说明这是普鲁塔克答复他的一位通信者，名叫帕克奇乌斯。参见HS，344页。

23 参见普鲁塔克，《论灵魂的平静》，464E-F，《道德论集》，VII-1，J.迪莫捷法译本，与J.德弗拉达斯合译，巴黎，Les Belles Lettres，1975年，98页。

24 关于基督教忏悔和13世纪，尤其自拉特朗第四教谕第21教法规法（*Canon XXI du IVᵉ Concile de Latran, 1215*）以来的演变和特点，此教谕规定了忏悔的圣事，见AN，161-179页；MFDV，182-189页。

151

25 福柯用法语表述。

26 关于"生存的美学"，见米歇尔·福柯，"关于伦理谱系学"(On the Genealogy of Ethics)，同前，1203-1205，1209页；"梦见其快感：关于阿特米多卢斯的'释梦'，同前，1307页；"关于伦理谱系学"，同前，1429-1430，1434；"生存的美学"(和A.丰塔纳的谈话)，DE2，文章编号357，1550-1551页；CV，149-151页；UP，103-107页。

27 关于不仅谈论，而且创造快感，以及新快感可能性的重要战略意义，见米歇尔·福柯，"史蒂芬·里金斯(Stephen Riggins)采访米歇尔·福柯"，DE2，文章编号336，1355页；"采访米歇尔·福柯：性、权力以及身份的政治"(和B.加拉赫尔[B.Gallagher]及A.威尔逊[A.Wilson]的谈话)，DE2，文章编号358，1556-1557页；"快感也应该是我们文化的一部分。比如说可以很有趣地注意到，几个世纪以来，一般的人，但也有医生、精神病学家，甚至还有解放运动，一直都在谈论欲望，但却从来不谈快感。他们说，'我们必须解放我们的欲望'。不！我们必须创造新的快感。欲望也许会跟上来的。"另见米歇尔·福柯，"性和政治"，同前，527页。

28 1981年，福柯在法兰西学院讲授"主体性和真理"，他在3月11日的讲课中说："西方关于快感的最大提问诞生于配偶家庭的理想形象和男女间关系之内"，这种关系是在公元1世纪的罗马社会"被界定的"。参见SV，219-220页。关于"快感主体"的构成，另见SV，290-293页；UP，11-12，18页。

29 高罗佩，《古代中国的性生活》(1961)，L.埃弗拉德(L.Evrad)法译本，巴黎，Gallimard，1971年。参见米歇尔·福柯，"关于伦理谱系学"，同前，1441页；UP，154-155页。

30 关于中国、日本、印度、罗马、阿拉伯-伊斯兰社会的色情艺术(ars erotica)，此艺术"从快感本身提取真相，被视为实践，被作为体验而记录"，直接相对于福柯所谓的"性科学"(scientia sexualis)，见VS，76-84页；米歇尔·福柯，"西方和性的真相"，DE2，文章编号181，104页；"性和权力"，同前，556-557页。不过，福柯在1983年的一次谈话中解释说："希腊人和罗马人完全没有类似于中国人那样的色情艺术(……)。他们有一种生存的美学(technê tou biou)，而快感的经济在其中发挥着极大的作用。"参见米歇尔·福柯，"关于伦理谱系学"(On the Genealogy of Ethics)，同前，1209页；"关于伦理谱系学"，同前，1434页。

31 1983年4月，福柯和休伯特·德雷弗斯及保罗·拉比诺在伯克利分校有过一次谈话，他说，他的问题"是：为什么我们会认为如果没有认识、辨认、发现、揭示并说出我们自己真相的义务，那么我们就不可能有性的伦理？性的伦理和自我的真相之间的联系，这正是我的谱系学问题。"参见米歇尔·福柯，《和米歇尔·福柯的讨论》，D250(5)，同前，14页。

32 福柯用法语说出该词。关于基督教的淫欲(concupiscence)概念，见AN，171-180，187-212页；米歇尔·福柯，"为贞洁而斗争"，DE2，文章编号312，1114-1127页。

加州大学伯克利分校法语系讨论会

福柯：那么大家听着，我会尽力回答你们的提问。一般地说，我想今天预先指定的语言是法语。不过，如果有问题的话，如果你们愿意听我的糟糕英语——这比我的法语更糟糕——如果你们当中有些人认为这样更好，我会尽力用英语回答[1]。

提问：我听说，您已经多次被问到关于您的自我文化观点和我们加州享乐主义看法之间的差异。但没有人能够给我解释您的回答是什么。

福柯：这就证明提问是好的，而回答却不好。那么我就尽力回答得好一些。

希腊 - 罗马文化，自（公元前）3 世纪即开始发展，一直到 2—3 世纪的这一希腊化文化，我对此文化的一种现象感兴趣，希腊人用一个非常确切的词来表达，我们可以在文献中不断发现该词，这就是 epimeleia heautou，就是关注自己，关心自己。epimeleia，这不仅仅是对自己感兴趣，不仅仅是在某种程度上倾向于依恋自己。epimeleia，这个词在希腊语中有着非常强烈的意味，意味着"劳作"、"操心"。比如说，色诺芬就把农田的管理称为 epimeleia。一个君主或者一个领

154 袖人物对其国民的责任，这些责任，他所要做的这一工作就称为 epimeleia。当一个医生关心他的病人，对他的病人所做的事情，这也是 epimeleia。所以这个词的含义很强烈，指工作、活动，因而这是一种技术。可见，这更是一种自我的技术，或者更是一种自己对自己的工作，而不只是关心自己，或者（只是）对自己感兴趣。这是第一点。

我对这个概念，对这种自我的实践感兴趣的第二个原因，就是可以从中看到某些禁欲主义主题的诞生和发展，而这些主题通常被归结于基督教，人们相信是基督教用一种相反且严厉的生活方式，其特征就是一系列放弃、禁令或者禁止，由此取代了一种伦理，或者取代了一种非常宽容的希腊 - 罗马生活方式。然而实际上，我们可以在这种对自己的工作中，在这种对自己的活动中，看到古代社会和古代道德主义把一系列严厉措施，尤其是性方面的严格规定和这种活动相连系，而基督教实质上是直接援引了性方面的这些严格规定。在异教的、宽容的古代和严厉的基督教之间，应该看到的不是一种巨大的道德中断，而是从这些自我的实践出发看到一种严

厉的伦理，一种严肃和严格生活方式的缓慢诞生。这是使我感兴趣的第二点。

第三点，这种针对自己的工作，以及由生活的严厉本身所带来的所有后果，这既不是由民法，也不是由宗教义务强加给个人的：这是一种生存的选择。人们选择，并由自己决定关注他们自己：一种生存和生活方式的选择，人们把它强加于自己。他们把它强加于自己是出于什么原因？并不是为了拯救他们的灵魂，并不是为了死后获得永生，因为他们并不相信这些。他们这样做只是为了把他们的人生变成一件艺术作品；也就是说，他们是出于生存的美学动机才选择了这样的生活方式。于是就有了这样一个我认为是非常重要的观念，可以在我们社会中相当长的时期内发现，不过以稍微缓和的形式出现，这个观念就是：人们应当关注的主要艺术作品，应该赋予价值并使用美学技术的主要领域，那就是自己，就是自己的人生，自己的生存[2]。可以在文艺复兴时期发现这一观念，也可以在 19 世纪的浪荡子风格（dandysme）中强烈地感受到它；以上不过是若干章节，如果您愿意的话，这里少了什么东西。

最后，由此造成的结果，自己，这个人们在其之上劳作

155

的对象，人们试图按照美学价值来确立的对象，它完全不是
什么人们必须去发现的东西，因为它被掩盖了，被异化了，
被什么东西弄得走样了。自己，这是一件艺术作品，这是一
件有待于制作，而且可以说就在自己眼前的艺术作品。只有
到了生命的最后，在死亡的时候才能达到自己的自我。于是
这些观念就非常有趣地抬高老年，抬高生命的最后时刻以及
死亡的价值。当人将死亡的时候，或者当人相当年老，几乎
不用再去经历什么事情了，那时候就能够去雕琢全部人生，
并把人生作为艺术作品来安排，它因为回忆的光辉本身而在
人们的记忆中永生，这就是目的，而只有在这个时候您才能
创造出您自己的自我。于是就有了这个我认为也是重要的观
念，即自我是一个创造，一个自己的创造：人们创造自己的
自我。

您可以看到这里有若干主题，我完全没有说必须这样来
重新使用它们，但它们却表明，在此文化中，我们有某些最
基本的道德因素得之于它，在这样的文化当中，有一种自我
的实践，有一种自我的概念，完全不同于现在有人向我们介
绍的那种概念，即以自我崇拜为特征，而在此自我崇拜当中，
关键在于发现真正的自我，让此自我摆脱所有使之模糊不清

或者使之异化的东西，在于通过心理学的，精神分析学的科学来破解它的真相，而不管是哪一门科学，它都将能够说出我们真正的欲望是什么。所以，我非但不把古代的自我文化 156等同于您所谓加州的自我崇拜，我甚至说我把它们相互对立。在这两者之间发生的恰恰是自我文化的某种颠倒，我想这是围绕基督教发生的，必须通过自己的工作来把自我创造为生活中的艺术品，这样一个自我概念被取代了，代之以一个必须放弃的自我概念，因为执着于自我就是反对上帝的意志；必须放弃自我，同时还必须破解它，因为淫欲、欲望、肉欲等，它们的最初苗头就是在此自我当中逗留并扎下根的。于是，当自我变成了某种不是要创造的东西，而是应该放弃的东西，当自我不是应当按照美学价值来估价的艺术品，而是应当作为一段神秘的文字而被破解，我想这里就发生了自我体验的转换，而这是基督教相当典型的特征[3]。所以，在基督教和异教之间，对立并不在宽容和严厉之间，而是一种和自我文化的美学相连系的严厉形式与另外的严厉形式之间的对立，而这些另外的严厉形式则和必须忘我并破解真正的自我相连系。

提问：也许我没有理解，但有时候您像拉康那样说，我（moi）是人们创造的东西，我似乎觉得，您也说过自己是已经在那里的东西。

福柯：听着，我没有使用"我"（moi）这个词。我所使用的词是"个人"、"主体"、"自己"（soi），"和自己的关系"。不管怎么说，我无法给予"我"这个词更加确切的含义。另外，我也不能肯定拉康说过我是一种创造。

提问：我也不能肯定。

福柯：那么我们的意见一致，双方都不能肯定。那就把拉康这个权宜地创造我这一假设扔在一旁吧。

提问：我想就书写和自我文化的关系提两个问题。书写在什么意义上促进了自我文化的发展？另外，这种发展又如何通过书写而获得了美学的层面？

福柯：这是两个非常好的提问。第一个问题涉及书写和自我文化问题之间的关系。您问我，书写当中是否有什么相关的东西，它能够以独特的方式发展自我的文化。

这里，我无法回答您。因为这是一个重要而又微妙的问题，如果您愿意的话，我想首先展示某些经验的因素，而当人们提出书写问题的时候，时常会略微忽视这些因素。这就是记事本（hupomnêmata）的问题[4]。事实上，当人们在著名的《斐多篇》（Phèdre）[5]中看到某种对 hupomnêmata 的批评，人们通常倾向于给予 hupomnêmata 一词的含义，无非就是充当记忆物质工具的任何东西。好像书写就是记忆的物质工具一样。然而实际上，hupomnêmata 有着非常确切的含义，指的是一个非常明确的对象。hupomnêmata 是什么呢？这就是记事本，就是本子。正是这类记事本当时在古希腊流行，这也是一种政治行政工具，这是因为，比如说商务交易的税收，个人必须支付的费用等，全都记在上面；这是一种政治管理的工具。对于拥有私人企业的业主来说，不管是农业企业，还是商业企业，他会用 hupomnêmata 来记录他做过的事情，或者他要做的事情。其次，这也是个人生活的管理工具，借助于此工具来记录已经做过之事，尤其是有待于做的事情，使人在一天的开始能够记住在白天要做的事情。hupomnêmata 的引进，它不仅仅是记忆的一般物质工具，而且还是我刚才提到的那些物质工具——我所做的比较看来是容易的，（并不）很有趣——但您是知道的，这也会引起干扰，就像现在电脑进入个人生活一样。如果您愿意的话，这就是提出 hupomnêmata 这个问题的技术和物质背景。

hupomnêmata 的例子，我所知道的第一个例子——也许还能找到其他例子——那是在色诺芬的《回忆苏格拉底》当中，他在书的最后谈到苏格拉底在给弟子提出建议[6]。苏格拉底给他们提出的建议涉及健康：“如何保持健康，采取什么样的饮食制？这里，我们可以发现希波克拉底医学的影响，及其来自毕达哥拉斯学说和医学影响的那些实践。值得注意的是，在《回忆苏格拉底》一书中，苏格拉底对其弟子们说：“你们必须在 hupomnêmata 上记下你们吃的东西，你们对饮食的反应，你们采取什么样的饮食制。”这就是 hupomnêmata。

第二点，现在涉及另外的一系列问题。这是由《斐多篇》及其对书写的著名批评提出的问题，提出的若干问题，这是鉴于书写和记忆文化的相对立方面。不过，如果您阅读《斐多篇》，您会看到这个评语是短暂的，而另外一个评语却是基本的，从头到尾，那就是：一个话语是书写的还是口头的，这不重要，问题在于知道此话语是否被纳入真理。这时候就会发现，对柏拉图来说，书写和口头这个问题相对于这个基本问题来说完全是次要的。

第三点，我想说的是这样的。在自我的文化和自我的技术问题中，在我看来非常值得注意的，即这些新工具是通过书写来记忆的工具，hupomnêmata，这些工具似乎立刻被用来构成一种和自己的持续关系。在这种对自己的管理当中，在人们应该管理自己，就像治理者管理被治理者，就像一家之主管理家人这个观念当中，如果真有政治管理，产业管理这样的方面，这（具有极大的重要性）[a]，我想这里存在着某种东西，它对发展这样一个观念非常重要，可以在几个世纪中，实际上一直到基督教之前发现这个观念，即这样一个主题：美德主要在于完美地治理自己，也就是在于能够控制自己，完全就像主权的控制，没有任何反抗。所以，如果您愿意的话，hupomnêmata 的问题，自我文化的问题，它们在我看来非常值得注意的就是这样一点，即自我的文化以完全治理自己为目标，也就是一种自己对自己的持续政治关系；我们必须建设我们自己的政治[7]。这一我们自己的政治，人们实际上已经在做了，因为人们在物质层面就自己做笔记，就像治理者

159

---

a　推测；这一段听不清楚。

必须登记造册，就像企业主必须做账册。在我看来，书写就这样和自我的文化相连系。

其次，还有待于研究的——不过，我所概述的几乎是一个提纲，一个规划——那是一系列的问题，即那时候发展起来的不同书写模式。依我看，作为书写自己，作为能够发展自我文化的书写，存在着两大书写模式[8]。其中之一就是著名的记事本，就像人们随身携带的笔记本，这似乎绝对不同于自基督教之后，尤其是在16世纪可以找到的东西，譬如日记，人们在其中叙述自己，自己的体验，自己的日常生活等。我认为记事本总是格言汇集，记录有待于认识或者有待于做的事情。人们在记事本上做读书笔记，记录听到的谈话，记录老师的讲课，人们还（记录）那些应该成为人生框架，可以说应该成为永久规则的东西。永久的规则，就是人们必须通过阅读记事本而内在化的规则，人们必须把这些都记在笔记本上。

相反，叙述自己的文字，人们在其中叙述白天做了什么事情，有些什么感想，遇到了什么人，所涉及的方面不再涉及自我的规则，而是关于自我的叙事，或者还有其他的，但不是自我的规则，而是自我的描述，这是您在记事本当中找不到的，您似乎可以在通信，在信件中找到它；在信件中，也就是在有他人在场的时候。这一书信体裁的演变似乎非常明显，而且在很短的时间之内；比如说从西塞罗到塞涅卡。当西塞罗给他的朋友们写信，那是为了对他们说："啊，你知道的，有个马克·安托万，他给我制造了这样或那样的麻烦，我面临这样一个问题等。"——总是关于事务的信件，总是政治信件。西塞罗实际上从来不谈他自己，除非是为了提到他有健康方面的问题，或者他有过一次旅行等。相反，在塞涅卡那里，您会进入一种完全不同的自我描述之中。在塞涅卡那里，比如说在其信件中——我想是在《信件 55》当中 [9]，您会看到塞涅卡描写他在自己住房周围的一次散步，他行走在沙地上，他看到一边是大海，另一边是他的一位朋友的住房，但朋友现在已经去世。此外，他还叙述他的感受，他的身体感受，他如何呼吸空气，他的哮喘病引起的呼吸困难如何由海风而得以缓解，当他看到一位朋友的住处而引发的回忆，因为朋友已经不在人世，如此等等。您可以看到一种对自我的真正描述，依我看它绝对是新的，不管怎么说，如果您把它和西塞罗相比较的话。然而他们之间相隔了 50 年 [10]。这里，您看到的描述，它是针对其他人的。在我看来，当个人的记事本，当 hupomnêmata 变成了其他的东西，而不是为了记住必须做的事情，或者不是为了举止端正而必须记住的，个人笔记本就变成了对自己的描述，您可以在圣亚地那修 (saint Athanase) 论述圣安东尼 (saint Antoine) 时看到一个见证：圣亚地那修说圣安东尼随身携带着笔记本，他在晚上经历的所有诱惑，幻觉中看到的恶魔，以及撒旦为了使他堕落而让他去做的所有事情，他必须把这一切都记在笔记本中[11]。这就是自我叙事的开始。

色诺芬所提到的记事本，其中问题仅仅在于记住饮食制的内容，圣安东尼所描述的夜间诱惑，在这两者之间，如果您愿意的话，演变显然是巨大的；而这其中有一块跳板：这块跳板就是描述梦境，因为在记事本中，人们似乎很早就必须叙述自己的梦境。这里您可以看到若干见证，阿特米多卢斯的见证并不明确，而是暗示的[12]。无论如何，辛尼修 (Synenius)[13] 的见证则非常明确——这个辛尼修本是一位异教徒，我想他是在公元 4 世纪初信奉基督教的——他在其见证中说，好像和一个传统相关……辛尼修，我不记得了，确切地说吧，不管怎么说他不会早于圣安东尼[14]，所以并不是由他来联系，但辛尼修好像提到了一种非常流行的做法，那就是为了知道自己会遭遇什么事件，或者会遇到什么危险，那就必须认识自己的梦，必须解释自己的梦，必须随手记录，应该在夜晚的时候在自己身边放一本笔记本，在笔记本上记下自己的梦，以便在第二天能够自己来解释，或者给别人看，让别人来解释。于是，通过这样的夜间描述，这就朝笔记本中的个人描述迈出了重要的一步。

以上是我想就书写一事要说的。到目前为止，我就知道这些；我简述了我能够说的。简单说来，如果您愿意的话，我对此感兴趣，因为我认为，如果对书写之人来说，自我参照话语的修辞结构真的非常重要，那么在自我的实践和自我的文化内部，把书写自己制度化的整个问题就是一件有趣的事情，比如说，要是没有想到这一庞大的自我文化和自我实践，那就无法理解蒙田（Montaigne）的《随笔录》是怎么回事，而当蒙田写作时，此文化已经通过书写而流传了将近两千年之久。

提问：对您刚才所说的，如果我没有理解错的话，在记事本中写上必须要做的事情，而一些更难控制的事情也通过书写而进入其中，如梦，感觉……

162

福柯：我想，通过书写实践的这一演变，您看到了……这可以说构成了自我关系变化的分析器。大致上，如果您愿意的话，当我说记事本上写着规定，我在参照什么？我参照的是希腊文以及希腊文化中极其重要的一个概念，那就是智慧（gnômê）这个概念；如您所知，这通常就是一个简短的格言，经常由某一诗人提出，这一格言说出了真理，那是必须记住的主要和基本真理，它同时又是建议、忠告和生活准则。gnômê即是真理和准则，真理和规范[15]。实际上，这就是记事本。在记事本中，人们首先要写上的，就是某一名言，某一智慧（gnômê），就是人们从某一位诗人那里学到的，至于是品达（Pindare）还是赫西俄德（Hésiode），这无关紧要，人们把它记下，不时拿出来反复阅读，把它深深地印在脑子里。之后，可以在马可·奥勒留那里找到这些实践的很多痕迹。那么使我感兴趣的，如果您愿意的话，那就是记事本记录必须记住的生活准则，由此逐渐转入自我的描述，这种自我描述不仅明确，而且成为必须，如在圣亚地那修提到的圣安东尼那里，依我看写梦就是这中间的一个中转站。因为写梦恰恰处于连接点上，既然梦就是在您身上发生的事情，您必须叙述您的梦，同时您的叙述目的是为了知道要做什么事情，也就是必须采取什么措施，因为梦已经向您预示了某一事件，比如预示了您的婚姻，您父母的死亡，未来的海上遇难等。由此您可以知道要做什么。这样的话，写梦就是写自己，这是描述，同时又是诊断必须要做的事情，这是规则。

提问：由gnômê转入叙述，这对书写自己来说有美学上的后果吗？

福柯：是的，关于美学问题，这是您的第二个问题——对不起，我没有回答您，我感到不安——关于必须给叙述自我某种美学形式，我并不认为存在着明确的说法，无论是之前，当时，还是之后。您会对我说，在塞涅卡的信件中，这些都还是极其做作的信件，就像可以提出另一个问题，它们在何种意义上是和卢奇利乌斯的真正交流，对他们两人来说，这是否就是一种创造艺术作品的方法，就此来说，可以认为塞涅卡的描述信件，尤其是我所参照的那封非常美丽的信[16]，它们都是刻意被做得美丽的，就是这样！它们都服从明显的美学标准。但使人感到惊讶的，就是在所有的理论中——在所有理论中，(或者)可以在古代找到的书信文学理论的某些内容中，尤其是在此参照的著名文章，即后来才有的狄米特里乌斯(Demetrius)

的文章[17]——您看到信件在当时被认为应该构成，应该属于修辞学的最基本层次，真的应该在其中打开心扉，就这样说，没有做作——当然也不要过于不做作……您有塞涅卡的一封信，（它）很有趣，因为他回答卢奇利乌斯，告诉后者说："啊，你让我修饰我的信件，你认为它们太简单了，但一封信说到底就是为了简洁。"[18]所以，在信的美学价值和简洁之间存在着冲突。好吧，总的来说，写信就是为了简洁，我并不认为人们在古代思考过自我叙述的美学，思考过一种自愿的美学。

提问：您就信件所说的使我感到困惑。如您所知，书写曾被视为糟糕的工具而受到批评，因为它有害于记忆，如果写了，那就无需练习记忆了。那么信件也会受到损害？

164 **福柯：**是的，您知道，借口书写会影响记忆，由此损害书写，这样的说法是非常短暂的，也非常脆弱，《斐多篇》再一次说明了这一点，其中有一段说得非常明确：不管话语是书写的还是口头的，问题在于它是否是真实的话语[19]。所以，我想不要过于突出拒绝书写这个问题。这不过是流行一时的反应罢了，就像现在有人拒绝家用电脑，借口有人撕毁了漂亮的家庭股票[20]……流行一时的危机而已。柏拉图的话在我看来更加重要：不论是书写的还是口头的,话语必须是真实的。真正的差别就在这里。

提问:您是否对关注自己和认识你自己加以区别? 或者, 两者是一回事?

福柯:当然不是一回事。两者深深相连, 但又非常不同。我想这里的情况和我刚才试图解释的差不多, 我刚才提到一个缓慢的变动, 即从智慧(gnômê)原则一直到自我描述原则的相互交织。必须认识你自己这个原则, 应该首先记住, 在所有时候, 从一开始, 甚至在柏拉图那里, 甚至在色诺芬那里, 当人们使用苏格拉底的说法时, 它总是和另外一个原则相连系, 那就是"关注你自己", epimele heautou, "在您自己身上下工夫"。两个格言相互参照, 其中的关系值得分析, 但总是复杂的[21]。一般来说就是下列用语(不管怎么说, 就是可以在《阿西比亚德篇》中找到的用语):必须关注自己, 因为, 如果不关注自己, 就无法发挥想在社会上发挥的作用, 也就是无法治理社会。这就是苏格拉底告诉阿西比亚德的。然而阿西比亚德说, 要关注自己, 怎么做呢? 柏拉图就回答说, 必须首先知道什么叫"关注", 其次要知道什么是"自己"。只有这样才能知道关注自己[22]。他就这样引进了认识自己的必要性, 此必要性包含在

165 关注自己这个更加普遍、更加基本的原则之中[23]。可以找到不同的文章，它们更强调认识你自己而不是强调关注自己；不过没有关系，可以说这一连接在柏拉图那里却是一贯的。

现在，如果您要提出"认识你自己"这个主题，那么使人惊讶的是在苏格拉底的著作中，或者在参照苏格拉底的著作中，譬如说在色诺芬和柏拉图的著作中，这个认识你自己总是在发现什么是灵魂本身的时候才具体化，而灵魂（psuchê）则作为非物质的、永恒的、纯粹的原则。也就是说，正是认识灵魂的存在模式构成了认识你自己的基本因素。这种认识，从本体论意义上认识作为灵魂的自我，至少在某些著作中，尤其在《阿西比亚德篇》当中，它采取了冥想的形式，灵魂冥想自己，以著名的眼睛比喻为例：眼睛如何能够看到自己？表面上回答非常简单，实际上却非常复杂，因为要眼睛看到自己，柏拉图并未说：只需照一下镜子即可；眼睛必须看另外的眼睛，也就是看自己，但那是在他人的眼睛中，在他人眼睛的瞳孔中看到自己，因为瞳孔充当了镜子。同样，灵魂在另一个灵魂，或者在作为其瞳孔的另一个灵魂的神圣因素中冥想自己，看到自己，并认识到自己为神圣因素[24]。

如果您愿意的话，我们先把狭义的冥想放在一边，您毕竟看到了，必须认识你自己这个观念，无论是一般意义上为了从本体论方面认识灵魂的存在模式，还是实际上是一个明确的查询行为，此观念完全独立于可称之为自己对自己的练习。当问题在于把握您的灵魂存在模式，您无须自问您做了什么，您想到了什么，您的观念以及您的表象活动是怎么回事，您所牵挂的是什么，当然绝对是（感性的）[a]，可见的，可以说是实证的。不过，使人惊讶的是，在 3 世纪发展起来的自我文化当中，尤其是在斯多葛派的影响下……我说"尤其是在斯多葛派的影响下"，因为就这些自我审查的实践来说，伊壁鸠鲁派留下了很少的东西，除了费洛甸（Philodème）留下了若干材料，但也没有多少东西。我们只知道，在伊壁鸠鲁派团体当中[25]，必须每天都审查自己。然后是相互审查，好像还有集体聚会，人们谈论自己，而别人则帮助您审查您自己。我们只是通过费洛甸的若干非常不完全，而且有些谜语般的文字才得知这些[26]。相反，斯多葛派的文献则非常丰富。这里可以看到，认识你自己的必然性以另一种风格发展起来，非常不同于色诺芬或者柏拉图的苏格拉底文献。在某

166

---

a 推测；该词听不清楚。

个斯多葛学派那里，尤其是在爱比克泰德的晚期斯多葛派那里，可以找到对苏格拉底，对认识你自己 (gnôthi seauton) 等非常明确的，非常突出的参照。但这一认识你自己有着 (不同的) 含义，它在晚期斯多葛派的文字中以完全不同的形式出现。首先，它的形式是绝对定时的练习，尤其是著名的晚间反省，晚间审查，届时必须回忆白天的经历，回忆所做之事 [27]。可以在斯多葛派那里找到这一主题，此主题来自毕达哥拉斯学派。在这一点上，所有文献都是一致的。但柏拉图，不管他如何受到毕达哥拉斯派的影响和感染，他却从未说过反省，从来没有。把握其灵魂，在其存在中冥想它，并不是通过那种在每晚睡觉前自问式练习："我做了什么好事，我做了什么坏事？"。可以在 (斯多葛派) 那里找到这样的练习。还可以在爱比克泰德那里找到更进一步发展的练习，这

167 可说是一种行走时的自我审查，即在散步时关注遇到的不同对象，并自问是否对之有牵挂，是否感到能够独立地欲求它们 [28]。您遇到一位执政官，您是否受到其奢华的影响，您是否也想成为执政官？您遇到一位漂亮的女人或者一位漂亮的少男：您是否想和他或者她上床？就是这一类事情。爱比克泰德还说：每天早晨都必须做这件事。您离开家，然后……。

还可以在马可·奥勒留那里找到另外一种自我审查的方法，非常有趣。马可·奥勒留说——这非常有趣，因为这与记事本（hupomnêmata）这个主题密切相关，似乎与之相对立——他说：必须不时地合上所有的书，不再记忆任何东西，然后l'anachôrêsis eis heauton，也就是退居自我，返回自我。在此要努力温习什么是必须遵循的行为准则，什么是还能记得的行为准则，并且意识到这些准则还在那里，是现时的、活动的，一旦需要就可随时发挥作用[29]。在这种虚拟书籍中再次激活行为准则，而自己就是这本虚拟书，其中铭记着主要的行为准则，这构成了另外一种自我审查的方法。

如果我强调这一点，那是出于两个原因。首先，在严格意义上的苏格拉底—柏拉图传统中找不到这一切。新柏拉图主义更对净化问题，而不再对审查问题感兴趣。其次，可以看到这些自我审查不同于基督教当中的自我审查，因为在基督教中，问题在于通过自我审查，知道是否在自己身上还存在着不纯洁的痕迹，是否还有淫欲的痕迹，是否还有能把您推向某一（罪孽）[a]的肉欲因素。在斯多葛派的文献中谈到的自

---

a　推测；该词听不清楚。

我审查，其关键主要在于知道是否掌握了日常生活所需的全部行为准则。如果回忆白天之事，这既是为了知道在哪里犯了过失，而通过回忆在哪里犯了过失，也是（为了）重新激活本来应该遵循，但却没有（遵循）的生活准则。这远不是一件为了自责而回忆的事情，而在于利用白天可能会犯的差错和过失（hamartêmata）[30]，由此来回忆准则：这更是再现准则，而远不是加深罪过。同样，那些在散步时自我审查的练习，目的是为了知道是否执着于这个或那个，不在于发现某个深深隐藏的欲望，而在于知道，相对于所有可能引诱我们的东西，我们在何种程度上是自由的；这是对现实自由的检验，对自我控制的检验，而不是去发现某个隐秘的过失[31]。所以您看到了，这完全是另外一种风格的自我关系，在我看来，它一方面非常不同于柏拉图的冥想，另一方面又非常不同于后来的基督教反省。

提问：在16世纪自我文化的更新当中，古代自我技术具有什么地位？

福柯：这里我无法提出什么假设。关于这些自我审查的实践，关于16世纪的自我实践，我不知道是否存在着既确切，同时又相当综合的研究。依我看是这样，大致上来说，显然一方面在宗教危机中，在大规模拒绝天主教的牧领制实践中，比如拒绝忏悔、神父，拒绝制度对人行使的权威，这在15世纪末非常明显，我想在这种拒绝当中，一种自我关系的形式，以及寻找自我关系的新模式发展起来了。其次，依我看，在此寻找过程中激活某些古代的，斯多葛派的实践主题是(非常明显的)[a]。在我看来，甚至蒙田的随笔概念，严格意义上的随笔，也就是检验概念——把自己和必须的东西相比较，看看自己是否，并且能够达到什么程度等——这个可说是自我检验的概念，它在我看来显然和斯多葛派的主题相当接近，其自我审查并不在于去发现隐藏于自我深处的某个形式，隐藏于自我深处的某个真理，而是试图知道，(为了)检验知道什么，不知道什么，能够做什么，不能够做什么，能够享有的自由，以及仍然受其束缚的种种不自由[32]。自我检验加上自我辨认，这在蒙田那里是相当明显的，但也许我搞错了。

169

---

a　推测；此段听不清楚。

提问：在某种意义上，是否应该把罗耀拉（Loyola）的《宗教修行》视为复兴这些古代自我实践的反面？

福柯：是的，既是反面，也是……令人非常惊讶的是，因为在罗耀拉《宗教修行》[33]中，在所有这些宗教修行中，并不怎么涉及这样的义务，即要人们注意他们自己，以便破解某个秘密的真理，而在于给他们提供某种永久的工具，某种永久的框架，以便使他们整天都忙忙碌碌，使他们相对于自己，相对于他人，相对于其他人而处于活动当中。我知道在罗耀拉那里，有些时候必须返回自身，去发现，如此等等，但这些不过是休息的时间，一会儿时间。自罗耀拉开始，以及在他之后，（在）此巨大的生活练习中，在所有宗教修行中如此突出，并使人惊讶的相反是这样的事实，即在任何时候都要做什么事情，必须这样或那样引导思想，必须确保自己的独立，或者确保自己对上帝的依赖。于是就可以……这也许有些随意，因为文献好像并不直接相互呼应，但我还记得在17世纪的一个材料中，这不是耶稣会的材料——我想这是法国神学院的一个材料，不过这无关紧要——我看到有一个关于散步的说法，使人想到爱比克泰德的说法，即对个人，对年轻的神学院学生来说，当他在散步的时候，每当他看到什么东西，他都必须做一练习，使他能够发现在什么意义上这个东西揭示了他对上帝的依赖，使他能够显示出上帝关怀的恩惠，使他得以辨认出神意的在场。于是有两个材料——再说一下，它们好像并不相互呼应，因为当时人们都清楚地知道爱比克泰德的《教科书》，却不太知道《谈话录》，没有理由让这一材料……——不过它们在下述意义上还是相互呼应的，在前者，即在爱比克泰德那里，个人在散步时看到的每一东西，他确信对自己有完全的控制，表示他不依赖于任何什么；而在后者则相反，当神学院的学生在散步时看到了什么，他就说："上帝的关怀多么伟大，他做了这样的事情，他将万物置于他的权柄之下，尤其是我，我放弃自己的意志而接受上帝的意志。"这是两种行走时的沉思练习。

提问：就像天主教的祷告文……

福柯：是的，绝对是这样。但依我看，所有关于自我的狭义文献，如个人叙事，自我的日记等，如果不把它们置于自我实践这一非常普遍，非常丰富的框架当中，这些自我实践距今已有2500年之久，那就无法理解它们。人们在2500年当中书写他们自己，但并不以同样的方式。这仍然是我们文化中极其重要的事情。于是就可以真正看到，书写的事实，自我关系的事实，这是两件完全不同的事情。也许我错了，但我觉得有一种倾向，就是把书写和日常生活之间的关系视为现代欧洲特有的现象。但我却说，这并非来源于现代，这是书写的最初用法之一。

171　**提问：我们能够摆脱书写自我的这种复杂纠葛吗？**

福柯：我认为关注自己，这是，我不敢说这是文化的不变因素，既然一切都不过是这一切的变动而已。历史学家们总是非常重视技术，比如说客观的技术，个人通过这些技术而和对象，和他制造的东西等产生关系。人们也对所谓针对他人的工艺做了相当的研究，但我认为还不够，针对他人的工艺是指通过制度，通过政策，通过各种规则，通过规训的强制等来管理他人的方法。其次还有自我技术的问题。这些自我的技术，在我看来，我想可以在我们所有的文化中找到它们，只是它们的形式极其不同。就像必须研究、比较、区别不同文明中制造对象的技术，以及管理人、指导人、治理人的技术，还有自我的技术问题[34]。自我的技术会发生变化。显然，有两个因素时常给分析自我的技术造成困难。首先，自我的技术显然并不需要和制造产品相同的物质整体，所以它们常常是不可见的技术。

其次，它们通常都和引导他人的技术紧密联系在一起。比如说，如果以教育机构为例，那就会发现在教育中，（首先）是管理他人，然后是让他们学习管理自己。所以在我看来，自我的技术显得完全和针对他人的技术联系在一起。因为这两个原因，要分析它们就很困难，它们比那些可见的、大型物质技术更加隐秘——比如爱情，制造（对象）[a]。但不管怎么说，这依然是（某种可见的东西，这一点）[b]，不管是宗教制度，类似宗教的制度或者被视为宗教的制度，如佛教（佛教主要还是一种自我的技术，而远不是一种宗教，远不是一种狭义的道德）[35]。我想在所有的所谓原始社会中都可以找到自我技术的因素。

提问：您是否认为古代社会建立在羞耻感之上，而羞耻感在那里发挥了基本作用[36]？

福柯：不，我不这样认为。我很高兴读过一本很好的书，是马克穆伦（MacMullen）写的，关于《罗马人的社会关系》[37]，他在其中就有耻感社会或者罪感社会这样的说法。马克穆伦明确回

172

---

a 推测；该段听不清楚。

b 推测；该段听不清楚。

答说："羞感文明？我并不这么看，我在罗马人那里看到了一种荣誉文明，一个傲感社会（pride society），而不是一个罪感社会（guilt society）。"他强调了地位、穿着和走路举止的重要性。对行为，对身体举止的调整，这在罗马人那里也极其重要，这是一种自我的技术，但立刻被引向他人，既然关键在于确保其地位，其优先排名，因而也确保其对他人的影响，这显然并不属于一个耻感社会（shame society），而属于一个傲感社会。

提问：古代自我文化的技术显然完全被基督教，被西方哲学所遮盖，对于西方哲学来说，重要的不再是培育自己，而是建构自己。您是否在随后的时代中看到与古代自我关系的观念相近的痕迹，看到这一自我文化的痕迹？

福柯：这是一个很好的提问。首先，我并不认为这一自我文化被遮盖，或者消失了。您可以看到很多东西只是被纳入基督教当中，被移位，被重新使用。可被称作基督教禁欲主义的很多东西就来自这一自我文化。其次，一旦自我的文化在基督教内部被重新启用，那么可以肯定，可以说它于是就服务于牧领制权力的运行，因为关注自己基本上就变成了epimeleia tôn allôn，即牧师必须做的关注他人。当每个人的拯救，至少一部

173

分必须通过牧领制机构，并以关注灵魂为对象，那么这个时候，我想自我文化就失去了它的大部分自主性。但这并不是说它消失了。它被同化了，它丧失了一部分自主性。

有趣的是，在文艺复兴时期相反可以看到反对牧领制机构的权力效应，可以看到一系列宗教团体，它们的存在早在中世纪就已被确证，它们抵制牧领制权力，声称要通过自己来获得自己的拯救，或者个人通过自己来获得自己的拯救，或者团体也这样做，但独立于教会机构，独立于教会牧领制[38]。所以这是某种程度上的复兴，不是自我文化的复兴，此文化并未消失，而是其自主性的复兴，至少是更加自主形式的再现。在文艺复兴时期，你们也可以看到……这里，我还是让你们去参阅布克哈特（Burckhardt）的论著[39]，也许应该从这个观点来稍微重读一下关于生存美学这一有名的、著名的章节：作为其自己艺术品的主人公。生命，自己的生命，必须把它制成一件艺术品，这样一个观念对中世纪来说或许是相当陌生的，但这个观念此时再次出现。所以，如果你们愿意的话，我想历史是非常复杂的。在19世纪的浪荡子风格当中，显然也有……

提问： 我想您是否要谈尼采。

福柯： 不，原因是，如果您愿意的话，我想他——请原谅我使用一个通俗说法——我想在禁欲主义，正是在基督教禁欲主义这件事上，他把手指弄到眼睛里，完全搞错了；如果您愿意的话，假如尼采的谱系学这个观念应该，也必须维持，以便做类似的分析，然而他关于禁欲主义，关于基督教禁欲主义等所说的一切，相对于(我们所知道的异教道德来说)ᵃ都显得不合适。我并不认为能够以某种方式来重新解释，并重读尼采，把他看作是自我文化这个主题的再现或者激活。但也许我搞错了。应该重新审视……

您知道，(这)一切，当我不得不稍微读一下这些古代文字，并想就我们社会中的性禁令做一谱系学研究，我就想到了，我意识到这完全不是什么法典的问题，也就是并非禁止-禁令的问题，而道德历史的真正问题就是这些自我实践的历史。对我来说被禁止的事情，这始终是同样的事情。我们生活在这样的社会中，它们在禁令方面极少有什么发明，在禁令方面和在欲望方面都很少有什么发明，我们在欲望方面没

---

a 推测；该段落听不清楚。

有什么发明是千真万确的。在禁止快感方面，我们仍然极少有什么发明。总是同样的事情被禁止。所以，有趣的并非这一点。相反，道德史中有趣的是自我的工艺，它却不断变化，不断丰富，不断扩大，不断介入（新的）形式[a][40]。于是我就去观察一下所有这一切。显然，在古代，那是非常明显的，既然那是在这样一个历史时期，即自我的技术真正为它自己而发展，而哲学也表现为一种自我的技术。把哲学视为世界的普遍体系，或者视为科学的基础这样一个观点在古代哲学中是极其陌生的，或者无论如何是比较少见的，尽管还有若干我们现在还紧紧抓住的主要的、重要的表述。但可以说，古代哲学在其日常的，每一天的运作中却是一种自我的实践。如果说人们还需要知道什么是星体的运行，或者是否存在着原子，那都是作为练习，为了能够思考自己[41]。那么在那个时期，真的存在着一种自我的文化，它自主地发展着，有其自主性，其机构，其导师，自我的导师。有这样一些人，人们向他们咨询，请教他们应该如何行事，什么是善，什么是恶，如此等等。这是一个黄金时代。

175

---

a　推测；此段听不清楚。

提问：在蒙田那里，自我的技术还在，但到了笛卡尔这里，这些技术就丧失了，甚至遭到破坏，我为这一断裂感到惊讶。主体的设计怎么就会中止、破坏这些自我的技术，或者甚至使之改道？

福柯：这里发生的事情非常有趣。我们先这样说吧，可以根据这个非常有趣的问题，并从蒙田、帕斯卡、笛卡尔相互之间的关系来重读他们，这是基本的；至于帕斯卡，也应该不仅仅把他视为蒙田的批评者，而且还把他看作是一个属于传统的人，或者一个自愿置身于传统中的人，在他那里，自我的实践和禁欲主义的实践都属于另外一种类型，不同于蒙田的自我实践。第二，当然不能忘记，笛卡尔写了《形而上学的沉思》——沉思就是一种自我的实践——而笛卡尔的奇妙文字，我想它恰恰是您谈到的这种扭曲，而通过明确地采用沉思方法的模式，采用依纳爵·罗耀拉的练习方法，即每天练习，一天数次，而在这样做的时候，(笛卡尔)终于以某种认识实践的开创者主体取代了通过某种自我实践构成的主体。那么，从作为自我实践产物的主体，进入作为认识实践开创者的主体，这就是"笛卡尔的杰作"[42]，但和蒙田和帕斯卡的情况一样，这也是在自我工艺巨大冲突的背景之下发生的，这些冲突在16和17世纪都是极其重大的文化冲突。

那么这一次，我想当时所发生的实际上是一件带有根本性的事情，大致上是这样的。其实，自希腊哲学以来，尽管希腊哲学真的确立了现代的科学理性，人们总是有这样一个观念，即如果主体不首先对他自己做一番工作，那么他就无法进入真理，而此工作能够使他认识真理——净化工作、灵魂相对于自身的转换、灵魂对自己的冥想，（这些都是）柏拉图式的练习。相反则有斯多葛派的练习主题，主体通过此练习首先确保其自主性和独立性，他在认识世界的相当复杂的关系中确保这一点，因为对世界的认识使他得以确保其独立性，同样当他确保其独立性时，他才能确认如此这般的世界秩序。依我看，可以在直至16世纪的欧洲文化中找到这些："我必须对我自己做什么才能够，才配得上进入真理，才能使真理对我呈现？什么样的净化？什么样的练习？什么样的禁欲实践？"换言之，真理对我来说并不是没有代价的；进入真理总要付出代价。换句话说，如果您愿意的话，没有禁欲实践就不能进入真理[43]；禁欲主义和认识真理总是或多少地，隐隐约约地相互联系着。所以从这个角度来看，炼金术的知识，它既包含了对自己所做的工作，也包含了对真理的认识，这两者在此知识中关系密切到几乎不可分割，这种知识于是就很正常地成为被接受知识的一部分[44]。"笛卡尔的杰作"——实际上这早就开始了，必须对 16 世纪的这些做一番谱系学研究——不过我想，笛卡尔，当他说下面这番话的时候就已经对这一切做出了总结："但为了进入真理，我只须是一个明显地看到所见之物的普通主体就够了"。于是，明显性取代了作为自我关系和真实关系连接点的禁欲实践。自我的关系不再必须是禁欲主义的才能转换成真实关系：自我关系只要就我所见之物向我展示了其明显的真理就够了，我就能把握该事物，就能决定性地把握它，而此时此刻，我可以是不道德的，可我却能认识真理[45]。然而总体来说，我想这一点，这是或多或少明确地被整个希腊文化所拒绝的一个观念。人们不可能实际是肮脏的，不道德的，却又能够认识真理。可到了笛卡尔这里，只须看到明显性就够了。而这个时候就有了一个不是禁欲主义者的认识主体，这将使科学的机构化成为可能，使那些完全不道德的人成为科学部门的主任 (chairman)，否则的话这是不可能的事情……柏拉图就不可能是不道德的。我极大地简化了一段非常漫长的历史，但我认为这是相当基本的历史。

而在这个时候就有了认识的主体，有了唯一的认识主体，这就给康德——这里我要回答您的问题了——提出了问题：相对于认识的主体，那么什么是道德的主体？他是否完全不同？在整个 18 世纪，人们在此问题上犹豫不决。康德的解决办法就是他找到了一个普遍的主体，而鉴于他是普遍的，他就可以是认识的主体，但他依然要求有某种道德的态度，而这正是康德在《实践理性批判》中提出的自我关系类型，这就是说：我必须承认我是普遍的主体，也就是我在自己的每一个行为当中都要把自己构成为某个普遍规律的普遍主体[46]。而这个时候，如果说人们并未解决道德主体的问题，人们至少提出了一个解决办法，即得以同时把他置于不同于认识主体的位置当中——道德主体和认识主体不再直接相联系——但这个解决办法非常模棱两可：明显性，既然任何主体都能够认识；道德的行为，那就是其规则为普遍的那种行为。笛卡尔的明显性和康德的道德行为的普遍性，它们似乎在不同的时间回答了由自我文化的巨大危机在 16 世纪提出的问题。

提问：什么使自我转变成主体？

福柯： 自我的实践，我所谓自我的实践，就是个人在他和自己
的关系中把自己构成为主体的方法。如何才能把我自己构成
为道德主体，并承认自己是道德主体？为了成为我自己行为
的道德主体，我应该在我自己身上做什么？是否要做禁欲主
义的练习，或者只需要康德的那种关系就够了，此关系让我发
现自己是某个行为的主体，而此行为的规则应该是普遍的？
就是这样，人们在自我关系中把自己构成为主体，主体不是给
定的（donné）。正是自我关系构成了（主体性）[a][47]。换句话说，
如果您愿意的话，在我的话语背后的意思就在于说：主体在一
个象征体系内自我构成，这样说是不够的；主体在具体的实践
中，在历史上可分析的实践中构成自己。存在着一种构成主体
的工艺，它使用象征体系，并贯穿了这些体系，但主体并不只
是通过象征体系的游戏才自我构成的。如果您愿意的话，这就
是（现在正）[b]进行的争议之关键所在。

提问： 从柏拉图到阿伯拉尔（Abélard），一直有着这样一
个传统，即把阉割之人说成是最完美的哲人。阿伯拉尔也自

---

a 推测；该词听不清楚。
b 推测；此段听不清楚。

问，他是否因为阉割了，所以他才和俄里根（Origène）这位自我阉割之人同样完美。

福柯：您说得很有道理，我没有想到。这是阉割的问题，这在基督教禁欲主义的一开始非常重要：如果身体和灵魂的净化应该使人进入永恒的生命，那么为什么不应该自阉？答案通常就在这样的说法当中：一旦您不再需要净化您自己，不再需要和您自己的欲望作持续的斗争，这就不是真正的纯洁。于是就有一整套非常有趣的文献，关于阉人不纯洁的欲望，我很感兴趣。因为，如果阉人的身体不可能不纯洁，那么相反他们的灵魂就有污点……

还有其他的问题吗？那么听着，我非常感谢你们的关注，你们提出的问题也非常令人感兴趣。我唯一想说的，就是请求你们原谅：我甚至没有给你们提供一个纲要，（而是给了）类似草稿，对，就是草稿一样的东西。这里似乎有一系列有待研究的有趣领域，介于政治史和认识史之间。我已经开始在关注古代的这些问题，但我可以肯定，更使我们感兴趣的，就是中世纪，文艺复兴时期，17和18世纪……啊，还有一件事，我很有兴趣去做的，那就是研究革命运动，但把它们作为禁欲主义和自我实践[48]的运动。是的，19世纪的革命，就像直至16世纪的真理，如果没有道德上的纯洁，如果不放弃某些东西，那就不能干革命。革命的禁欲主义是极其重要的东西，它的最可怕后果现在仍在暴露出来。

提问：您是否想说，革命意味着道德的纯洁？

福柯：正是。有一本很老的书，可以在图书馆找到，它是用一种难以想象的文笔写成的，那是19世纪学院派的文笔——它就比我们现在的文笔更糟糕？我们恰恰不知道……道德学家马尔塔（Martha）[49]，他就（在此书中）对道德化运动作了有趣的比较。尤其是关于反省，他把罗马帝国初期发生的，和法国大革命期间发生的作了比较，对罗马的参照，您也知道，当然并不只是一种风格的效果，而是有着这样一种企图，即以一种多少有些人为的方式再现自我文化的某种模式，但以革命的措辞来重新思考它。就我来说，我尤其想到欧洲自1830年之后发展起来的革命运动，特别是在虚无主义者那里，虚无主义的运动非常有趣——一种禁欲主义的运动，既是禁欲的，又是美学的[50]。忘我，对他人的暴力，这一切都发生了，非常有趣，我想可以这样来书写革命史，当然是把它当作政治运动的历史，但也作为道德的历史，但道德被视为自我的实践，自我实践的整体。斯大林主义的可怕道德主义不过是这部革命史的结尾而已……

提问：能否在存在主义当中，通过对研究自己，对介入的关注而看到希腊文化的延续？

福柯：是的，总之……萨特绝对就是一个斯多葛派人物。如果您想知道萨特最像谁，那么他非常像斯多葛派的人物，一个对费希特有若干认识的斯多葛派人物……

不过，如果您愿意的话，我还是要做一个很大的区分，那就是在萨特那里——天知道他是否怀疑精神分析学，他从未对此太感兴趣——基本上还是有一个真实性观念，我想这种真实性观念非常不同于斯多葛派所理解的符合自然，不同于他们所理解的适合于自己，也非常不同于把自己构成为一件艺术品这样一个自我观念。您有理由注意到两者相当接近；但您理解，不应该把这些再现变成批判的工具。完全可以说，蒙田是伊壁鸠鲁派、斯多葛派、怀疑派的一系列激活。事实上是这样，其次又是不同的东西。在萨特那里……非常有趣 ——我呢，我没有看过刚刚出版的道德作品，没有看过他的道德著作[51]，我不知道他做了些什么。可以肯定的是，他一辈子都努力写这个，但他从未成功地发表它；也就是他的打击点从来就不够高。不过很显然，如何才能确立一种新的道德，什么是伦理形式等？这些实在并不是他研究的关键所在。我觉得他和斯多葛派很接近，非常地接近。这一点，这种相近性他自己也感觉到，同时又没有很好地意识到，这就使他无法（走到底）[a]。

---

a　推测；此段听不清楚。

注释

1 福柯最初在此讨论会范围内所作的一些回答，后来休伯特·德雷弗斯和保罗·拉比诺把它们收集起来，时常把它们切断，把它们重组，或者予以重新表述，由此来"构成""关于伦理谱系学"(On the Genealogy of Ethics)这一谈话录(同前，1202-1230页)，此谈话录于1983年用英语发表，1984年用法语发表，但由福柯本人作了若干修改(参见米歇尔·福柯，"关于伦理谱系学"，同前，1428-1450页)。

2 见本书"历史系讨论会"，151页，注释26。

3 在其"自我解释学的起源"的演讲中，福柯描述了从"格言式自我"(soi gnomique)进入"认识论自我"(soi gnoséologique)的"转换"，前者"无需被发现，由真理之力构成……"，而后者相反"就像我们必须通过解释学工作去辨认的一篇文章或一本书"，以便更好地忘记我们自己。参见OHS，50-51，88-90页。另见GV，289-298页；MFDV，89-91，139-149，161-165页。

4 见本书"自我的文化"，96-97页；以及"自我的文化"，108页，注释43。

5 柏拉图，《斐多篇》，274c-275d，L.罗宾(L.Robin)法译本，巴黎，Les Belles Lettres，1961年，87-89页。

6 色诺芬，《回忆苏格拉底》，第六册，第七章，9，见《色诺芬全集》，卷三，同前，412页。

7 早在1980年，福柯在"自我解释学的起源"的演讲最后部分就已经使用过这一说法，但他给出的含义略有差别：它并不怎么参照自我的治理问题，并不怎么参照建立自己与自己的"政治"型关系问题，而参照工艺问题，工艺在我们的历史中制造了我们的"自我"，而按福柯之见，现在应该予以改变了——他认为这是一项严格意义上的政治任务。参见OHS，91，93页。此外，1983年4月，福柯在伯克利分校的一次讨论会上解释说，即使有时"在古代的伦理当中，人们试图把他们与自己的关系界定为权力关系"，但这种自我关系"并不是一种权力关系"。所以，对自己的"控制"关系应该区别于和他人的权力关系。参见米歇尔·福柯，《和米歇尔·福柯的谈话》，D250(9)，同前，17页。

8 参见米歇尔·福柯，"书写自己"，同前，1236-1249页。

9 塞涅卡，《信件55》，《致卢奇利乌斯的信》，卷二，同前，56-60页。参见米歇尔·福柯，"书写自己"，同前，1246-1247页。

10 西塞罗的信件和塞涅卡的信件实际上相距差不多有一个世纪。

11 参见圣亚地那修，《圣安东尼的人生》，55，7，G.J.M.巴特林克(G.J.M.Bartelink)法译本，"基督教的渊源"，巴黎，Éditions du Cerf，1994年，285-287页。见GV，

252 页；MFDV，142-143 页；米歇尔·福柯，"书写自己"，同前，1234-1236 页。

12 关于阿特米多卢斯的《释梦》，见米歇尔·福柯，"性和孤独"，同前，993 页；SV，49-103 页；"梦见其快感：关于阿特米多卢斯的'释梦'"，同前；SS，16-50 页。

13 参见昔兰的辛尼修，《论梦》，18.2 和 20.1，同前，305，308-309 页。见本书"哲学系讨论会"，123 页，注释 1。

14 昔兰的辛尼修（公元约 370—约 414）生活在圣安东尼（公元约 251—约 356）死后。

15 见本书"哲学系讨论会"124—125 页，注释 17。

16 塞涅卡，《信件 55》，同前，56-60 页。

17 狄米特里乌斯（Démétrios），《论风格》，P. 乔隆（P. Chiron）法译本，巴黎，Les Belles Lettres，2002 年。认为这一文章出自狄米特里乌斯（公元前 350—公元前 282），这是可疑的，它的出现可能更晚。参见米歇尔·福柯，"书写自己"，同前，1244-1245 页。

18 塞涅卡，《信件 75》，《致卢奇利乌斯的信》，卷三，H. 诺布洛法译本，巴黎，Les Bellees Lettres，1957 年，50 页："我的信件不合你的口味，而应该把它们修饰一下，你为此不满意。实际上，除了那些好矫揉造作风格的人，谁会想到去修饰他的风格？如果我们面对面懒洋洋地坐着，或者散步，那么我的谈话就没有什么矫揉造作，简单平易。我就要我的信件是这个样子：它们没有任何矫饰的东西，没有任何虚假的东西。"关于对此信的更详细评论，即福柯在分析古代修行指导的"说真话"时所作的评论，见 HS，384-389 页；米歇尔·福柯，"说真话"，《远征》（Anabases）杂志，2012 年 16 期，181-183 页。

19 柏拉图，《斐多篇》，276a-277a，同前，90-92 页。

20 福柯可能暗指公司股票的去物质化，此事发生在法国 1980 年代初。

21 关于这些复杂关系，见 HS，4-16，442-444 页。

22 柏拉图，《阿西比亚德篇》，127d-130e，同前，99-105 页。

23 参见 HS，65-68 页。

183 24 柏拉图，《阿西比亚德篇》，132d-133c，同前，108-110 页。参见 HS，68-69 页；米歇尔·福柯，"历史系讨论会"，见本书 137-138 页；以及"历史系讨论会"，150 页，注释 18。

25 福柯说"毕达哥拉斯派"，但鉴于上下文，好像指的是由费洛德甸（Philodème）所转述的伊壁鸠鲁派的一种实践（但此实践的确源于毕达哥拉斯派）。

26 关于费洛甸以及伊壁鸠鲁派的反省和修行指导（和"说真话"这一主题相连系），见 HS，132，370-374 页；SS，67 页。

27 关于古代自我审查的实践，见 GV，231-241 页；OHS，41-45 页；MFDV，91-97 页；HS，444-445，460-465 页；米歇尔·福柯，"书写自己"，同前，1247-1249 页；"自

我的技术"，同前，1615-1618 页；SS，65-66，77-79 页。

28 爱比克泰德，《谈话录》，卷三，3, 14-19，同前，18 页。见本书"哲学系讨论会"，124 页，注释 11。

29 马可·奥勒留，《沉思录》，IV, 3, É.伯里耶 (É. Bréhier) 法译本，《斯多葛派》，"七星文库"，巴黎，Gallimard，1962年，1159页。参见HS，50页；米歇尔·福柯"主体解释学"，同前，1180-1181页。

30 Hamartêmata: 错误，过失。

31 在伯克利分校的"豪伊森讲座"期间，福柯在分析塞涅卡《论灵魂的平静》的开头部分，解释了塞里努斯 (Serenus) 的"说真话" (rerum fateri) 的含义，他以同样方式说，"对他而言，重要的是尽可能确切地指出，他还牵挂什么，他已经摆脱了什么，他相对于什么是自由的，他还受到什么外部东西的支配。"他的"招供"并不在于"暴露深奥的秘密"："而在于说明把他系于他不能主宰的东西之上的那些束缚"。这可以说是在行动法典框架内的一份自由清单。这不是列举过去的过失，这是一种受束缚的状态。"参见 OHS，48 页，注释 a。

32 福柯在《自我解释学的起源》的演讲中，他分析了塞涅卡在《论愤怒》第三卷中描述的夜间审查，但把它置于斯多葛派的全部练习当中（不断阅读格言手册，预先想到不幸 (praemeditatio malorum)，每天早晨安排有待于完成的事情等），他说，"在所有这些练习当中，自我都不被认为是必须被解释的主观材料中的一个方面（如在基督教那里）："他用某种可能的或者真实的行为来检验自己。"参见 OHS，45 页。

33 依纳爵·罗耀拉，《宗教修行》，J.-C. 盖伊 (J.-C.Guy) 法译本，巴黎，Seuil，1982 年。   184

34 在生产的技术、权力的技术和自我的技术旁边，福柯还以相似的思路谈到意义的技术，见 OHS，37-38 页；米歇尔·福柯，"性和孤独"，同前，989-990 页；"自我的技术"，同前，1604 页。

35 1978 年，福柯在日本的一次谈话中说（在创造"自我的技术"这个概念之前），"佛教的技术"试图"去个体化" (désindividualisation)，"去主体化" (désubjectivation)，真正使个体性达到其极限，超越其极限，以便相对于主体而获得解脱。"参见米歇尔·福柯，"哲学舞台"，同前，593 页。另见米歇尔·福柯，"米歇尔·福柯和禅"，同前，621 页。

36 这个问题参照露丝·本尼迪克特 (Ruth Benedict) 对耻感文明 (shames cultures) 和罪感文明 (guilt cultures) 所作的区分。埃里克·R·多兹 (Eric R.Dodds) 在《希腊人和非理性》一书中再次使用这一区分来分析希腊社会从荷马时代到古典时代的演变。参见 E.R. 多兹，《希腊人和非理性》(1951)，M. 吉布森 (M.Gibson) 法译本，巴黎，

Flammarion, 1977 年, 28 页, 以及第二章"从'耻感文明'到'罪感文明'", 37-70 页。

37 R. 马克穆伦, 《罗马人的社会关系: 公元前 50 年至公元 284 年》, 纽黑文, Yale University Press, 1981 年; A. 塔歇 (A.Tachet) 法译本, 《罗马帝国社会的阶级关系: 公元前 50 年至公元 284 年》, 巴黎, Seuil, 1986 年。事实上, 马克穆伦的观点更为缓和 (参见 102 页关于帝国时期的罗马社会: "人类学家通常所谓'建立在羞耻之上的社会'当然也是一个'建立在虚荣之上的社会'")。

38 见本书"什么是批判？", 72 页, 注释 7。

39 J. 布克哈特, 《意大利文艺复兴时期的文化》(1860), H. 施密特 (H.Schimitt) 法译本, R. 克莱恩 (R.Klein) 校对, 巴黎, Bartillat, 2012 年。参见 UP, 17 页。

40 在广义"道德"内, 对"行为准则"和"旨在确保道德的道德主体化形式以及自我实践形式"所作的区分, 见 UP, 36 页。另见 SV, 232-233 页, 福柯在此把"(确定)允许什么禁止什么的法典化框架"和"围绕这一法典化的相伴话语"相对立, 此话语并非前者的"理论外衣", 因为正由于它才能够把握"主体性和行为法典化之间的关系类型"。

185 41 作为自我练习的认识世界和自然, 见 HS, 232-233, 248-297 页。另见 P. 阿多 (P. Hadot), "作为宗教修行的物理学或者马可·奥勒留的悲观主义和乐观主义"(1972), 见《宗教修行和古代哲学》, 巴黎, Albin Michel, 2002 年, 145-164 页。1983 年春, 福柯在伯克利分校的一次讨论时说: "我想应该稍微改变一下人们就斯多葛学派, 一般而言就古代哲学中和宇宙关系的说法, 因为这很奇怪是古代哲学中反复出现的一个主题, 从苏格拉底到爱比克泰德都有此主题, 那就是无须知道一切没有用处的东西, 譬如涉及天文、非药用的植物, 以及海洋深处发生的事情……您可以不断地发现这一点, 而相对于此, 柏拉图和亚里士多德属于例外: 他们完全不是古代思想最典型的代表, 对于古代思想来说, 他们都是魔鬼, 而在古代思想那里, 可以不断看到这样一个主题, 即仅仅需要关注直接于生存有用的东西。在苏格拉底那里, 至少在整个晚期斯多葛派那里, 在爱比克泰德和伊壁鸠鲁那里——这种实际上存在的和宇宙的关系, 它仍然被自我关系的重要性深深打上了烙印。"参见米歇尔·福柯, 《和米歇尔·福柯的讨论》, D250 (8), 同前, 13 页。

42 作为真理史时期的"笛卡尔时期", 从此时期开始, "是认识本身, 也唯有认识才能使人进入真理", 见 HS, 15-16, 19-20 页。

43 福柯在法兰西学院讲授"主体解释学"的第一课时, 他对"哲学"和"修行"(spiritualité) 作了区分, 前者指"思维形式, 它试图确定主体进入真理的条件和局限", 后者指"探求、实践、体验, 主体通过这些活动在他自己身上进行必要的转变, 以便能够进入真理"——指"净化、禁欲、放弃、转变观点等，这些对主体来说构成了"进入真理必须付出的代价"。福柯声称，在整个古代，哲学的问题和修行的实践"从来都不是分开的"。参见 HS，16-19 页。

44 关于炼金术知识及其和"科学"思想的复杂关系，见 PP，240-241 页；米歇尔·福柯，"疯人院"，见 DE1，文章编号 146，1562-1563 页；HS，28 页。

45 见本书"法语讨论会"，185 页，注释 42。

46 福柯在法兰西学院讲授"主体解释学"一课时，他谈到笛卡尔和主体的构成，"这样的"主体能够达到真理，之后他说，可以在康德那里找到"补充的一环"，但他在此参照《纯粹理性批判》："我们不能认识的东西恰恰造成了认识主体的结构，它使我们无法认识它。因此，说主体的某种精神转变能够使主体最后达到他现在恰恰无法达到的东西，这样的观点是虚幻的，自相矛盾的。这就清理了可称之为进入真理的精神性条件的东西，笛卡尔和康德即做了这一清理工作：康德和笛卡尔在我看来就是两大重要时期。"参见 HS，183 页。1983 年春，福柯在伯克利分校的一次讨论时解释说，他的问题就是了解如何"通过自我关系的形式（这些形式由自我的技术提出、提示并规划），去引导个人把自己构成为道德主体，使个人承认是道德主体并作为道德主体而行动"，而"当康德把道德主体定义为普遍的主体，他实际上不过是给出了这种组织，这构成道德主体的一种可能的说法而已。"福柯还解释说，"对于斯多葛派来说，或者对于公元最初两个世纪的人来说，把自己构成为道德主体，作为道德主体，就是作为自我做主的绝对独立的主体。当他做着所做之事，一旦他对自己行使完全的控制，那么只有在这个时候他才是道德主体，这和康德的普遍性说法相当接近，但又有相当的差别。"参见米歇尔·福柯，《和米歇尔·福柯的讨论》，D250（8），同前，10-11 页。

47 参见本书"哲学系讨论会"，117 页；以及"哲学系讨论会"，124 页，注释 15。

48 1984 年 2 月 29 日，福柯在讲授"说真话的勇气"一课的第二部分中简短地探讨了 19 和 20 世纪的欧洲革命运动，把它们当作是"犬儒生存模式的支柱，而犬儒主义指陷于真实丑闻（scandale de vérité）中的一种生活方式"：他说，革命"并非只是一个政治计划，它也是一种生活方式。"在此情况下，福柯建议"生活定义、界定、组织、安排成革命活动的方法"叫做"战斗态度"（militantisme），有三大形式：秘密社会，工会组织或者政党，还有"通过生活来见证"。参见 CV，169-172 页。

49 C . 马尔塔，《罗马帝国时期的道德学家、哲人和诗人》，巴黎，Hachette，1865 年。

50 福柯在法兰西学院讲授"说真话的勇气"一课时，谈到"作为通过生活来见证，以某种生活风格为形式的战斗态度"，把它视为能够在欧洲历史中传播犬儒派真实生活主题的一大因素，而真实生活即作为另一种生活，福柯也提到陀思妥耶夫斯基和俄国虚无主义。参见 CV，170 页。

51 让 - 保罗·萨特，《道德笔记》，巴黎，Gallimard，1983 年。

图书在版编目 (CIP) 数据

什么是批判? 自我的文化: 福柯的两次演讲及问
答录 / (法) 米歇尔·福柯 (Michel Foucault) 著 ; 潘
培庆译. 一重庆 : 重庆大学出版社 , 2017.4(2020.5 重印)
(拜德雅·人文丛书)
ISBN 978-7-5689-0431-5

Ⅰ.①什… Ⅱ.①米… ②潘… Ⅲ.①福柯
(Foucault, Michel 1926—1984)—哲学思想 Ⅳ.
① B565.59

中国版本图书馆 CIP 数据核字 (2017) 第 041279 号

拜德雅·人文丛书

什么是批判? 自我的文化
福柯的两次演讲及问答录
SHENME SHI PIPAN ZIWO DE WENHUA
FUKE DE LIANGCI YANJIANG JI WENDALU

[法] 米歇尔·福柯　著

潘培庆　译

策划编辑: 邹　荣　任绪军　雷少波
责任编辑: 邹　荣
责任校对: 秦巴达
责任印制: 张　策
书籍设计: 逆光的鱼

重庆大学出版社出版发行
出版人: 饶帮华
社址: (401331) 重庆市沙坪坝区大学城西路 21 号
网址: http: // www.cqup.com.cn
印刷: 重庆市正前方彩色印刷有限公司

开本: 787mm　1092mm　1/32　印张: 8.375　字数: 125 千　插页: 32 开 1 页
2017 年 4 月第 1 版　　2020 年 5 月第 3 次印刷
ISBN 978-7-5689-0431-5　定价: 48.00 元